CHINA PANORAMA

Intermediate Chinese

Book Ⅲ

中国全景

中级汉语

第三册

吴叔平 主编

中华人民共和国教育部
对外汉语教学发展中心 组编审订

YUWEN PRESS
语文出版社

《中国全景—中级汉语》 1—3册

顾　　问　姜明宝　吕必松

主　　编　吴叔平
编　　者　赵　娅　田桂文
英文翻译　赵　娅
英文校订　熊文华
　　　　　ANDREW G. MACDONALD

责任编辑　陈　宏
封面设计　赖积华

图书在版编目（CIP）数据

中国全景. 中级汉语. 第3册/吴叔平主编. —北京：语文出版社，2001.1（2002.10重印）
ISBN 7-80126-500-9/G·352

Ⅰ. 中…　Ⅱ. 吴…　Ⅲ. 汉语-对外汉语教学-教材　Ⅳ. H195.4

中国版本图书馆CIP数据核字（2002）第083887号

中国全景—中级汉语
第三册

中华人民共和国教育部
对外汉语教学发展中心　组编审订

*

语文出版社出版

E-mail:ywp@public2.east.net.cn
100010　北京朝阳门南小街51号
新华书店经销　　北京联华印刷厂印刷
880毫米×1230毫米　1/16　8印张
2001年1月第1版　2002年10月第2次印刷
ISBN 7-80126-500-9/G·352
03200

前言

《中国全景》是由中华人民共和国教育部对外汉语教学发展中心约请从事对外汉语教学的专家编写的系列教材。

《中国全景》是中国第一部专门面向境外汉语学习者的大型电视系列教材，适用于母语非汉语的广大汉语学习者。

《中国全景》由《汉语语音导入》《初级汉语》《中级汉语》《商贸汉语》《旅游汉语》等组成初级、中级、高级三个层次的系列。《汉语语音导入》《初级汉语》为初级教材，《中级汉语》为中级教材，《商贸汉语》《旅游汉语》为高级教材。这三个层次的教材既相互衔接，又自成系统，相对独立。学习者可根据需要予以选用。

《中国全景》的各类教材都配有录音带、录像带和光盘，供学习者使用。

Foreword

China Panorama is a series of Chinese textbooks prepared by a group of TCFL experts invited by The Development Centre for Teaching Chinese as a Foreign Language Under the Ministry of Education of P. R. China .

China Panorama is the first large-scale Chinese teaching program in a TV series, specially designed for anyone who is keen to learn Chinese.

China Panorama consists of textbooks of various levels including ***Chinese Phonetics***, ***Approaching Chinese***, ***Intermediate Chinese***, ***Chinese for Business*** and ***Chinese for Tourism***. The first two books are meant for beginners, the third is devised for intermediate learners and the last two are prepared for advanced users. While connected with one another they remain independent and systematic.

China Panorama is accompanied by both audio and video tapes and CD-ROM for learners to choose from.

编写说明

一、《中国全景——中级汉语》跟《中国全景——初级汉语》相衔接，适合于已学过1000个左右基本词汇，学过汉语基础语法的学习者使用。

二、《中国全景——中级汉语》全书共100集，分三册出版，第一册为三十集，第二册为四十集，第三册为三十集。每集由课文、生词、注释、练习等四个部分组成。为便于学习者使用，生词和注释的讲解以及练习中的提示都有英文翻译。

1. 课文——课文内容以外国人在中国生活、工作、游览等话题展开，力求实用，使学习者感兴趣。课文全部为情景对话，每集都注明情景、人物和地点等。全书共十个单元，每一单元安排一次复习。

2. 生词——多数生词注有词性，个别词语和成语等未注词性。

3. 注释——注释内容仅限于课文中的一些语言现象，在《中国全景——初级汉语》的基础上加以扩展和归纳，讲解力求避免语法术语，以实例模仿为主，使学习者理解并掌握较复杂的句式和语法内容。

4. 练习——以理解、模仿为主，通过大量的练习，巩固当课所学的内容。

编者

Introduction

China Panorama—Intermediate Chinese is geared towards those students who have completed the *China Panorama — Approaching Chinese* course. This course is also suitable for those students who possess a vocabulary of approximately 1000 words.

China Panorama—Intermediate Chinese consists of 100 lessons and is divided into three volumes. Each lesson consists of four parts: a text, new vocabulary, notes on grammar and usage, and practice exercises. For the intermediate level student, all new words, notes and exercise directions are accompanied with English translations.

The contents of each lesson focus on topics concerning the overseas experience in China, whether it be living in, working in or sightseeing within China. Moreover, since all of the texts are composed of dialogue using conversational Chinese from everyday situations, the intermediate level student should find each lesson both practical and interesting.

Most of the new words, except some terms and idioms, are given with their parts of speech.

The notes on grammar and usage are based upon the language used in texts and provide a strong foundation when studied in conjunction with *China Panorama—Approaching Chinese*. In order to help students better understand and grasp complicated grammatical patterns, concrete examples of usage are used in the notes instead of complicated grammatical explanations.

The practice exercises focus on comprehension and repetition. Students should be able to master what they have learned through completing the numerous exercises found in each lesson.

The course books are provided with cassettes and video tapes for those who plan on teaching or studying this course outside classroom.

Editors

目　录

第七十一集 把中英两种文字都刻上

课 文 *Text*

（人物：路易斯、珍妮和张明）
（地点：琉璃厂）
（情景：张明带路易斯、珍妮逛琉璃厂文化街，在荣宝斋购物）

张 明：我带你们去一个地方，你们一定感兴趣。
路易斯：是吗？什么地方？
张 明：琉璃厂，一拐弯就到。
珍 妮：去参观工厂？我不感兴趣。
张 明：不是去工厂，是去逛北京一条传统的古老文化街，有兴趣没有？
珍 妮：这当然有兴趣，你怎么不说清楚？
张 明：这说明你对北京还不熟悉。到了北京，不能不逛琉璃厂。在清朝乾隆年间，这里就是卖古玩、字画、古旧书籍和笔墨纸砚商店集中的地方，一条街上就有一百多家商店。
路易斯：这儿真是古色古香，文化气息很浓。（三人走进荣宝斋）
张 明：这就是最有名的荣宝斋，有二百多年的历史，专门收购和出售古今名人字画、名贵的笔墨纸砚和印章等。
珍 妮：这儿不像商店，倒像个博物馆。
路易斯：珍妮，你看，这印章多漂亮，我们都刻一个吧，带回去做个纪念。
珍 妮：好的，把中英两种文字都刻上。
张 明：我帮你们去联系，你们再看看别的。

生　词 *New Words*

1. 文字	（名）	wénzì	letter; character; written language
2. 刻	（动）	kè	to cut; to carve
3. 拐弯	（动）	guǎiwān	to turn
4. 工厂	（名）	gōngchǎng	factory; plant
5. 说明	（动、名）	shuōmíng	to explain; explanation; illustration
6. 熟悉	（形）	shúxī	to be familiar with; to have an intimate knowledge of
7. 古玩	（名）	gǔwán	antique; curio
8. 墨	（名）	mò	ink
9. 砚	（名）	yàn	inkslab; inkstone
10. 集中	（动、形）	jízhōng	to concentrate; to gather; centralized
11. 古色古香		gǔsè-gǔxiāng	in a graceful ancient style
12. 专门	（形）	zhuānmén	specialized; special
13. 收购	（动）	shōugòu	to buy
14. 出售	（动）	chūshòu	to sell
15. 名贵	（形）	míngguì	famous and precious
16. 印章	（名）	yìnzhāng	seal; stamp; signet
17. 博物馆	（名）	bówùguǎn	museum

专　名 *Proper Nouns*

1. 荣宝斋	Róngbǎozhāi	name of a shop
2. 乾隆	Qiánlóng	name of an emperor in the Qing Dynasty

注　释　*Notes*

1. 你们一定感兴趣。

"感兴趣"表示对人或事物产生好感,句中通常要有"对……"的介词结构。例如:

感兴趣 indicates *to feel or to be interested in*... The related structure is 对……感兴趣. The thing that one is interested in, if any, should be placed after the preposition 对. For example:

(1)他对字画很感兴趣。
(2)我对足球不感兴趣。
(3)她最近对做中国菜很感兴趣。

2. 不能不逛琉璃厂。

"不能不"表示一定要或者应该做某事,有加强语气的意味。例如:

不能不, used to emphasize, indicates *cannot but or should*. For example:

(1)你在发烧,不能不休息。
(2)虽然你们很忙,但是不能不锻炼身体。
(3)到中国旅行不能不去长城。

3. 专门收购和出售古今名人字画……

形容词"专门"是特意做某事的意思。例如:

The adjective 专门 means *special or specially*. For example:

(1)我专门为她买了一件礼物。
(2)他这次到北京,专门来看老朋友。
(3)这种书只能到专门的书店里买。

4. 这儿不像商店,倒像个博物馆。

副词"倒"表示跟一般情理相反。例如:

The adverb 倒 is used in the sense of *rather than* and implies contradiction. For example:

(1)她今天没去上班,倒去逛商场了。
(2)刚才还下雨,现在倒天晴了。
(3)你还记得今天是我的生日,我自己倒忘了。

5. 带回去做个纪念。

"回去"用在某些动词的后边,补充说明动作回到原来的地方去。例如:

回去 is used after some verbs as a complement in the sense of *going back to where someone or something was*. For example:

(1)我今天不在外边吃,我买回去吃。
(2)昨天他寄回国去很多书。
(3)我朋友从我这儿拿回去一些中药。

练 习 *Exercises*

一、请把下列词语连成词组:

Connect the appropriate words from the two columns below to form phrases:

逛	字画
刻	文化街
有	印章
收购	兴趣

二、根据课文内容选择下列句子的正确答案:

Choose the right answer according to the text:

1. 张明要带路易斯和珍妮去:

a. 商场　　b. 工厂　　c. 文化街

2. 珍妮对北京：

a. 一点也不熟悉　　b. 非常熟悉　　c. 知道一点

3. 荣宝斋的历史有：

a. 三百年　　b. 二百多年　　c. 二百年

4. 张明帮路易斯他们联系什么？

a. 买古玩　　b. 买字画　　c. 刻印章

三、根据课文内容区别下列句子的正误： （✓） （×）

Indicate whether the following statements are true or false according to the text:

1. 珍妮对逛文化街没有兴趣。（　　）
2. 张明认为到了北京一定要逛琉璃厂。（　　）
3. 琉璃厂古色古香，但没有什么文化气息。（　　）
4. 荣宝斋不是商店，是个有名的博物馆。（　　）

四、请把下面的词语组成句子：

Arrange the following words in their correct order:

1. 古色古香　　气息　　很浓　　文化　　这条街

____

2. 有　　这条街　　家　　一百多　　商店

____

3. 北京　　逛　　到了　　琉璃厂　　不能不

____

4. 出售　　古玩　　收购　　字画　　专门　　这些商店

____

第七十二集 我们也去老字号

课 文 Text

（人物：路易斯、珍妮和张明）
（地点：前门大栅栏）
（情景：张明和路易斯、珍妮走在前门大栅栏街上）

珍　妮：张明，有的商店写上“老字号”三个字，是怎么回事？

张　明：“老字号”就是指一些历史悠久，有商业信誉的商店，大栅栏附近老字号可多啦！

路易斯：这家商店只写了“盛锡福”三个字，也是老字号吗？

张　明：也是老字号，“盛锡福”是靠卖帽子出名的，可以这样说老字号不只是历史悠久，还要闯出名牌产品来。

珍　妮：像烤鸭和涮羊肉，也都是老字号的最好吗？

张　明：是这样，烤鸭数“全聚德”，涮羊肉数“东来顺”。

路易斯：这些老字号经过几百年发展到现在，仍然对顾客有那么大的吸引力，一定有它们的奥秘。以后买东西，我们也去老字号。

张　明：我想关键是货真价实和良好的服务态度，赢得了顾客的信任。这几乎是北京一百多家老字号的共同特点。

珍　妮：前面是同仁堂中药店，路易斯，我们不是要带点云南白药回去吗？就到同仁堂买吧。

张　明：同仁堂的药，质量有保证，买了也放心。

生 词 New Words

1. 老字号		lǎo zìhào	shops with a long history
2. 悠久	（形）	yōujiǔ	long standing

3. 商业	(名)	shāngyè	commerce; trade
4. 信誉	(名)	xìnyù	credit and reputation
5. 闯名牌		chuǎng míngpái	try to create a famous brand
6. 仍然	(副)	réngrán	still; yet
7. 奥秘	(名)	àomì	mystery
8. 货真价实		huòzhēn-jiàshí	genuine goods at a fair price
9. 赢得	(动)	yíngdé	to win; to gain
10. 信任	(动)	xìnrèn	to believe in; to have faith in; trust
11. 保证	(动、名)	bǎozhèng	to guarantee; ensure; warranty

专名 *Proper Nouns*

1. 大栅栏	Dàshílà	name of an old street
2. 盛锡福	Shèngxīfú	name of a shop
3. 全聚德	Quánjùdé	name of a restaurant
4. 东来顺	Dōngláishùn	name of a restaurant
5. 同仁堂	Tóngréntáng	name of a drugstore
6. 云南白药	Yúnnán báiyào	a kind of medicine of Yunnan province

注释 *Notes*

1. 是怎么回事?

"怎么回事?"也说"怎么一回事?"用来询问原因,用于口语。例如:

怎么回事 used in spoken Chinese is equivalent to 怎么一回事, meaning *why, what's all that about* or *how is that....* For example:

(1)怎么回事?都十二点了,他还没回来。
(2)请你解释一下,这是怎么回事?
(3)没有人清楚这是怎么一回事。

2. 还要闯出名牌产品来。

"闯名牌"的意思是使产品具有很高的知名度,也说"闯牌子"。例如:

闯名牌, which is equivalent to 闯牌子, means *to create a famous brand*. For example:

(1)这个公司闯出了不少名牌产品来。
(2)他们要在今年闯出这个牌子来。

3. 烤鸭数"全聚德",涮羊肉数"东来顺"。

动词"数"在这儿的意思是在同类事物的比较中,列举出最突出的。例如:

The verb 数 here is used to name the best of one kind of thing. For example:

(1)这个公司的产品要数电视最有名。
(2)北京的天气数秋天最好。
(3)在我们这儿数她年轻。

4. 仍然对顾客有那么大的吸引力。

副词"仍然"表示情况继续不变或恢复原状。例如:

The adverb 仍然 means *still* or *yet*. For example:

(1)他仍然走着去上班。
(2)我病好了以后,仍然坚持打太极拳。
(3)北京的许多"老字号"仍然吸引很多人。

5. 赢得了顾客的信任。

动词"赢得"是得到、取得的意思。例如:

The verb 赢得 means *to win* or *get*. For example:

(1)在竞争中,我们厂赢得了发展机遇。
(2)他们的服务赢得了顾客的赞扬。

练　习 *Exercises*

一、请把下列词语连成词组：

Connect the appropriate words from the two columns below to form phrases:

赢得	质量
闯	吸引力
保证	信任
有	名牌

二、根据课文内容选择下列句子的正确答案：

Choose the right answer according to the text:

1. 人们喜欢去"老字号"买东西，是因为：

a. 便宜　　b. 货真价实　　c. 有熟人

2. 北京的老字号有多少年历史？

a. 几百年　　b. 几十年　　c. 好几年

3. 北京现在有多少老字号？

a. 二百多家　　b. 一百多家　　c. 五十多家

4. 珍妮要去同仁堂买什么？

a. 感冒药　　b. 胃药　　c. 云南白药

三、根据课文内容区别下列句子的正误：（ √ ）（ × ）

Indicate whether the following statements are true or false according to the text:

1. "老字号"就是指一些历史悠久，有商业信誉的商店。（　　）

2. 有的商店没写“老字号”三个字，也是“老字号”。（　　）
3. 老字号赢得顾客的信任，只是因为服务态度好。（　　）
4. 盛锡福就是靠卖各种鞋出名的。（　　）

四、请把下面的词语组成句子：

Arrange the following words in their correct order:

1. 历史悠久　　名牌产品　　不只是　　老字号　　闯出　　还要

____

2. 老字号　　对顾客　　吸引力　　仍然　　有　　现在

____

3. 老字号　　都有　　共同的　　几乎　　北京的　　特点

____

4. 质量　　放心　　吃了　　同仁堂的药　　有保证

____

第七十三集　您再拉着我转一会儿

课　文　*Text*

（人物：路易斯和出租汽车司机）
（地点：在出租汽车里）
（情景：路易斯坐在出租汽车里正和司机交谈）

路易斯：北京的街道真有意思，方方正正，不是南北向的，就是东西向的。

司　机：对，北京的街道直直的，也很对称，有东就有西，有南就有北，有前就有后，有左就有右，容易认，容易记。

路易斯：您是说东单西单，前门后门吧？还有天地和日月呢。

司　机：您这个老外对北京挺熟悉嘛！

路易斯：哪里，我是看地图看的。师傅，我去过一条街叫米市大街，我走了半天也没见一个卖米的。

司　机：那个地方过去是一个买卖粮食的市场，现在只留下了街的名字，像这样的地方还有很多，比如牛市、羊市、花市什么的。

路易斯：北京原来有这个门那个门的，现在也看不见了。

司　机：您说的这个门那个门，原先都在这条二环路上，后来把城墙拆了，修成了宽阔的马路，才是现在这个样子。什么东直门、西直门……都没有了，变成了街道的名字。噢，您到了。

路易斯：跟您谈话很有意思，您再拉着我转一会儿，随便您怎么转，行吗？

司　机：我有数，准让您满意。

生　词　*New Words*

1.	拉	（动）	lā	to haul; to pull
2.	司机	（名）	sījī	driver
3.	街道	（名）	jiēdào	street
4.	正方	（形）	zhèngfāng	square
5.	直	（形）	zhí	straight; vertical
6.	对称	（形）	duìchèn	symmetry
7.	认	（动）	rèn	to recognize
8.	粮食	（名）	liángshi	foodstuff; food
9.	城墙	（名）	chéngqiáng	city wall
10.	有数		yǒu shù	to be sure of ; to have a definite idea of what one is doing

专名　*Proper Nouns*

1.	东单	Dōngdān	Dongdan
2.	西单	Xīdān	Xidan
3.	前门	Qiánmén	Qianmen
4.	米市大街	Mǐshì dàjiē	name of a street
5.	二环路	Èrhuánlù	name of a street
6.	东直门	Dōngzhímén	Dongzhimen
7.	西直门	Xīzhímén	Xizhimen

注　释　*Notes*

1. 不是南北向的，就是东西向的。

“不是……就是……”是个常用的结构，表示在两个同类事物或两种情况中，必定有其中的一个。例如：

不是……就是…… is an often used structure meaning *either. . . or. . .* (one of the two possibilities). For example:

(1)这几天不是刮风，就是下雨。
(2)下午不是你去请医生，就是我去请医生。
(3)他每次考试，不是第一，就是第二。

2. 有东就有西，有南就有北，……。

"有……就有……"表示具备了某种条件就有某种结果产生；或出现了某种情况就会出现另一种情况。例如：

有……就有…… indicates that *something will result from something else*. For example:

(1)你放心，电影票有我的，就有你的。
(2)这种表有男式的，就有女式的。

3. 像这样的地方还很多，……。

动词"像"表示形象相同或有某些共同点。例如：

The verb 像 means *to look like* or *like*. For example:

(1)他像个医生。
(2)这只老虎画得不像。
(3)像这样的房子，在北方不多。

4. 我有数，准让您满意。

"有数"的意思是对情况很了解，并有把握去解决。例如：

有数 means *to know something very well and be confident in dealing with it*. For example:

(1)你不用担心，怎么安排我心里有数。
(2)该怎么解决这个问题，他心中非常有数。
(3)为了开好晚会，应该做哪些准备，你有数吗？

练　习　*Exercises*

一、请把下列词语连成词组：

Connect the appropriate words from the two columns below to form phrases:

拆 ·	· 名字
卖 ·	· 马路
修 ·	· 粮食
留下 ·	· 城墙

二、根据课文内容选择适当词语填空：

Fill in the following blanks according to the text with a proper word in the parentheses below:

（东、西、南、北、前、后、左、右、对称、南北向、东西向、方方正正、直直）

1. 北京的街道______的，不是______，就是______的。
2. 北京的街道______的，也很______，有______就有______，有______就有______，有______就有______，有______就有______容易认，容易记。

三、根据课文内容区别下列句子的正误：（ ✓ ）（ × ）

Indicate whether the following statements are true or false according to the text:

1. 人们现在经常去米市大街买米。（　　）
2. 路易斯对北京的街道很熟悉，是因为他以前来过北京。（　　）
3. 现在宽阔的马路是把过去的城墙拆了修成的。（　　）
4. 过去的羊市场、牛市场等，已经不存在，只留下街的名字。（　　）

四、请把下面的词语组成句子：

Arrange the following words in their correct order:

1. 对　　您　　嘛　　北京　　熟悉

____

2. 街道的　　北京　　都是　　名字　　对称的

____

3. 也　　我　　走了半天　　一个　　卖米的　　没见

____

4. 城墙　　修成了　　宽阔的　　把　　马路

____

第七十四集 给她一个意外的惊喜

课　文　Text

（人物：珍妮、杨小芳）
（地点：在珍妮家）
（情景：珍妮请杨小芳陪她去给妈妈买生日礼物）

珍　妮：再过十几天就是我妈妈的生日了，我要给她寄生日礼物，给她一个意外的惊喜。

杨小芳：那她一定会为你而感到骄傲。

珍　妮：是的。只是真不好意思，让你为我的事情耽误时间。

杨小芳：你这么说就见外了。再说女人们有个共同的爱好，这就是（杨小芳、珍妮同时说出来。）"逛商场"。（两人都笑了。）

珍　妮：我每次一进商场就被琳琅满目的商品吸引住了。

杨小芳：我也是，而且一逛就把时间全忘了。

珍　妮：你说我们今天去哪儿买？

杨小芳：这得看你要买什么了，要是买平常穿的、用的，去大商场就都能解决了。

珍　妮：人们都说中国的真丝制品和羊毛制品不但便宜，而且质量也不错，我想看看这类东西。

杨小芳：那我们去离这儿比较近的商场就可以了。

珍　妮：那好，我们走吧。

生　词　New Words

1.	意外	（形、名）	yìwài	unexpected; accident
2.	惊喜	（动）	jīngxǐ	to be happy and surprised; a happy surprise

3.	耽误	（动）	dānwu	to delay; to hold up
4.	商场	（名）	shāngchǎng	market; bazaar
5.	商品	（名）	shāngpǐn	goods; commodity
6.	琳琅满目		línlángmǎnmù	a vast array of beautiful and fine things
7.	解决	（动）	jiějué	to solve; to tackle
8.	真丝	（名）	zhēnsī	silk
9.	羊毛	（名）	yángmáo	wool

注　释　*Notes*

1. 那她一定会为你而感到骄傲。

介词结构"为……"表示对象或目的，也可以用"为……而……"这一结构，意思一样。"为……而……"多用于书面语。例如：

The usage of the prepositional phrase 为……而…… is equivalent to the prepositional phrase 为……, both indicating *a purpose* or *an object of an action*. The structure 为……而…… is often used in writing. For example:

(1)大家为他的成功而高兴。
(2)他为自己的前途而操心。
(3)他还没有工作，家里人都为他着急。

2. 只是真不好意思，……。

"不好意思"表示由于麻烦或打扰了他人，而感到歉意和不安。例如：

不好意思 means *to feel apologetic and sorry for troubling* or *disturbing someone*. For example:

(1)耽误了你很多时间，真是不好意思。
(2)我们都不好意思再去麻烦她。
(3)这么晚了，您还来机场接我们，真不好意思。

3. 你这么说就见外了。

动词"见外"是当外人看待，不当作自己人。例如：

The verb 见外 means *to regard somebody as an outsider*. For example:

(1)你怎么对我们这么客气，太见外了。

(2)在这儿，大家请随便些，不要见外。

(3)你要是不收下我的礼物，就见外了。

4. 再说女人们有个共同的爱好，……。

连词"再说"表示进一步说明理由或情况。例如：

The conjunction 再说 is used to explain further. For example:

(1)现在去太晚了，再说外边还下着雨。

(2)还是让他自己决定吧，再说他已经不是孩子了。

(3)你们去旅行吧，再说公司里最近业务也不太忙。

5. 这就是"逛商场"。

动词"逛"表示去公园游玩、在马路上散步或没有明确目的地去商店等。例如：

The verb 逛 means *to wander about* or *stroll in a park*, or *do window shopping*. For example:

(1)昨天我们去逛超市了。

(2)她喜欢逛马路。

(3)星期天我们几个好朋友一起去逛动物园。

练　习　*Exercises*

一、请把下列词语连成词组：

Connect the appropriate words from the two columns below to form phrases:

耽误	商场
寄	时间
感到	生日礼物
进	骄傲

二、根据课文内容选择下列句子的正确答案：

Choose the right answer according to the text:

1. 珍妮要给妈妈一个意外的惊喜是：

   a. 回家看妈妈　　b. 给妈妈打个长途电话　　c. 寄一件生日礼物

2. 珍妮要小芳陪她：

   a. 去书店　　b. 去商店　　c. 去花店

3. 女人们有个共同的爱好是：

   a. 聊天　　b. 看电视　　c. 逛商店

4. 珍妮感到很不好意思，是因为：

   a. 把小芳的衣服弄脏了　　b. 让小芳为她的事耽误了时间　　c. 因为逛商场忘记了时间

三、根据课文内容区别下列句子的正误：（ ✓ ）（ × ）

Indicate whether the following statements are true or false according to the text:

1. 再过三个星期就是珍妮妈妈的生日了。（　　）
2. 珍妮和小芳想去离这儿不远的商场买东西。（　　）
3. 珍妮听说中国的真丝制品质量好，但是不便宜。（　　）
4. 要是买平常穿的、用的，去大商场就都可以解决了。（　　）

四、请把下面的词语组成句子：

Arrange the following words in their correct order:

1. 商品　　琳琅满目的　　吸引住　　我　　了　　被

2. 骄傲　　为你　　感到　　你妈妈　　一定

3. 就　　你　　见外　　这么说　　了

4. 逛　　就　　时间　　一　　忘了　　商场

第七十五集 你帮我参谋参谋

课 文 *Text*

（人物：珍妮、杨小芳）
（地点：商场）
（情景：珍妮、杨小芳来到双安商场）

珍 妮：这个商场真不小。看上去也挺新的。
杨小芳：这个商场开业没几年。十年前，像这样的大型商场在北京没几家，可是现在已经有几十家了。你想好了吗？给妈妈买些什么？
珍 妮：还是买穿的。我妈妈很喜欢天然的东西，像丝绸啊、羊绒啊、纯棉什么的。你看这儿写着“周末优惠”，服装都打八五折。
杨小芳：现在的商家比以前聪明多了。不过，我们今天也来得正是时候。
珍 妮：你帮我参谋参谋，这两件衬衣，有图案的好？还是一色的好？
杨小芳：这两件都挺好看。不过，你注意了没有，两件的面料可不一样。一色的比较厚，是这两年流行的面料。
珍 妮：那我两件都买了，让妈妈高兴高兴。你瞧，那边挂着的都是毛衣，一会儿我们过去看看？
杨小芳：可以，那儿正在季节性调价，毛衣一律打六折。
珍 妮：真的？那我真是来巧了。

生 词 *New Words*

1.	参谋	（动、名）	cānmóu	to give advice; advisor
2.	开业		kāi yè	to start business; to open for business
3.	大型		dàxíng	large - scale; large
4.	天然	（形）	tiānrán	natural

5. 丝绸	（名）	sīchóu	silk
6. 羊绒	（名）	yángróng	fine wool
7. 纯棉	（名）	chúnmián	pure cotton
8. 打折		dǎ zhé	to discount
9. 衬衣	（名）	chènyī	shirt
10. 图案	（名）	tú'àn	pattern
11. 一色	（形）	yísè	single color
12. 面料	（名）	miànliào	material used as the outside of a garment
13. 厚	（形）	hòu	thick
14. 调价	（动）	tiáojià	to adjust the price
15. 一律	（形、副）	yílǜ	without exception
16. 巧	（形）	qiǎo	opportunely; coincidentally

专　名　*Proper Noun*

双安商场	Shuāng'ān Shāngchǎng	Shuang'an Bazaar

注　释　*Notes*

1. 一会儿我们过去看看？

"一会儿"表示时间很短。例如：

一会儿 means *a short while*. For example:

(1)你快点儿，银行一会儿就关门了。

(2)过一会儿我们在咖啡厅见面。

(3)刚才有人找你，他说一会儿还来。

2. 那我们真是来巧了。

形容词“巧”可以用在某些动词后边，表示正遇到某种较幸运的机会，补充说明动作结果。例如：

The adjective 巧 can be used after some verbs as a resultant complement in the sense of *happen to be* or *coincidentally*. For example:

(1)只有他知道这件事，你真是问巧了。
(2)我们买巧了，两个人买的礼物是一样的。
(3)昨天我算去巧了，在他家里遇到了三四个老同学。

练　习　*Exercises*

一、请把下列词语连成词组：
Connect the appropriate words from the two columns below to form phrases:

天然的	调价
大型的	东西
流行的	面料
季节性的	商场

二、根据课文内容选择下列句子的正确答案：
Choose the right answer according to the text:

1. 珍妮决定给妈妈买：

a. 吃的　　b. 用的　　c. 穿的

2. 今天的服装为什么都打八五折？

a. 新年优惠　　b. 周末优惠　　c. 商场成立五周年优惠

3. 珍妮给妈妈买了：

a. 一条裙子　　b. 两件衬衫　　c. 一件毛衣

4. 现在的商家比以前聪明是指：

a. 产品质量提高了　　b. 式样越来越多　　c. 商品打折出售

三、根据课文内容区别下列句子的正误：(✓)(×)

Indicate whether the following statements are true or false according to the text:

1. 小芳是星期一陪珍妮去买生日礼物的。(　　)
2. 现在像这样的大型商场没几家。(　　)
3. 最近两年流行的面料是一色的。(　　)
4. 珍妮给妈妈买了一条有图案的衬衫和一条一色的裤子。(　　)

四、请把下面的词语组成句子：

Arrange the following words in their correct order:

1. 正是　　来得　　今天　　我们　　时候

____

2. 参谋参谋　　买　　你帮我　　什么　　好

____

3. 调价　　正在　　那儿　　季节性

____

4. 就　　离　　比较近的　　去　　我们　　商场　　这儿

____

第七十六集 这叫做“双管齐下”

课　文　*Text*

（人物：张明、路易斯、杨小芳）
（地点：在张明家）
（情景：路易斯到张明家商量找工作，门铃声）

张　明：（开门。）路易斯，快请进。

路易斯：今天来找你们，是想请你们帮着拿个主意。刚才电话里我没细说。

张　明：什么大事？

路易斯：我和珍妮这次来中国原来打算只是旅游，没想到来了以后，慢慢地都喜欢上了这个地方。我们还发现，外国独资、合资公司在北京的就不少，很多外国人在这儿工作。我也想试试，只是……

杨小芳：我觉得路易斯的想法不错。

路易斯：你们说我是在这边找工作，还是去香港找？

张　明：在这儿、在香港找都挺好。两个地方都找到了，那就去条件、待遇好的公司。

路易斯：其实条件、待遇怎么样，对我来说倒不是最重要的，我特别担心的是能不能找到专业对口的工作。

杨小芳：你的想法谁都理解，但我觉得你还真得有思想准备，一下子找到最理想的工作，虽然不是没有可能，但可能性不太大。

张　明：我倒认为脑子应该灵活点儿，这样才能适应不断发展、变化的社会，找工作也是这样。

路易斯：你们的话对我很有启发，好吧，我现在就开始在两个地方同时找工作。

张　明：这叫做“双管齐下”。

生　词　New Words

1. 双管齐下		shuāngguǎn-qíxià	to use two methods
2. 细说		xìshuō	to give a detailed account
3. 独资		dúzī	exclusive investment
4. 合资		hézī	joint venture
5. 想法	（名）	xiǎngfǎ	thinking; idea
6. 待遇	（名）	dàiyù	treatment; pay; salary
7. 对口	（形）	duìkǒu	to fit in with one's vocational training or specialty; to be geared to the needs of the job
8. 可能性		kěnéngxìng	possibility
9. 脑子	（名）	nǎozi	the brain; mental power
10. 灵活	（形）	línghuó	flexible; quick-minded
11. 适应	（动）	shìyìng	to fit; to suit; to adapt
12. 启发	（动）	qǐfā	to enlighten; to arouse

专　名　Proper Noun

1. 香港	Xiānggǎng	Hong Kong

注　释　Notes

1. 想请你们帮着拿个主意。

“拿主意”表示做某事采取的办法或对策。例如：

拿主意 means *to make a decision*. For example:

(1)到底去不去，你自己拿主意。

(2)这个主意她自己拿不了，要找别人商量。

(3)这需要我们帮他拿拿主意。

2. 我和珍妮这次来中国原来打算只是旅游，……。

动词"打算"是考虑、计划的意思。"打算"也可以充当名词。例如：

The verb 打算 means *to plan* or *intend*. It can also be used as a noun. For example:

(1)到中国以后，我们打算先去旅行。

(2)他们不打算在那里住很长时间。

(3)请你们先谈谈你们的打算。

3. 慢慢地喜欢上了这个地方。

"上"可以用在某些动词的后边，补充说明表示动作有了结果或达到目的。例如：

上 can be used after some verbs as a complement which implies that *an action has come to a good end* or *one has achieved one's purpose*. For example:

(1)我看上了这里的环境，打算在这里找工作。

(2)他是不是爱上了她？

(3)越来越多的人喜欢上了这种啤酒。

练　习　*Exercises*

一、请把下列词语连成词组：

Connect the appropriate words from the two columns below to form phrases:

专业 ·	· 高
待遇 ·	· 大
脑子 ·	· 对口
可能性 ·	· 灵活

二、根据课文内容选择下列句子的正确答案：

Choose the right answer according to the text:

1. 路易斯来找张明是要张明：

a. 给他拿个主意　　b. 一块儿去吃饭　　c. 一块儿去买东西

2. 路易斯想在哪儿找工作？

a. 北京　　b. 香港　　c. 北京和香港

3. 路易斯找工作最担心的是：

a. 待遇不好　　b. 条件不好　　c. 专业不对口

4. 小芳让路易斯要有什么思想准备？

a. 一定能找到理想的工作　　b. 找到理想工作的可能性不大　　c. 不会找到理想的工作

三、根据课文内容区别下列句子的正误：（ ✓ ）（ × ）

Indicate whether the following statements are true or false according to the text:

1. 路易斯来中国原来就是打算要在中国工作。（　　）
2. 在北京外国独资合资公司真不少。（　　）
3. 张明认为找工作脑子也要灵活点儿。（　　）
4. 路易斯想去条件、待遇好的公司工作。（　　）

四、请把下面的词语组成句子：

Arrange the following words in their correct order:

1. 主意　　请你　　我想　　拿　　帮我　　个

____

2. 我　　喜欢上　　来中国以后　　了　　慢慢　　这个地方

____

3. 不容易　　一下子　　工作　　找到　　最理想的

____

4. 很　　对我　　有　　你的话　　启发

____

第七十七集 找工作可急不得

课　文　Text

（人物：路易斯、珍妮）
（地点：在路易斯家）
（情景：路易斯、珍妮谈在中国找工作）

路易斯：这几天，我跑了不少公司去应聘，申请表、履历表交了不少，到现在还是没有结果。

珍　妮：找工作可急不得，怎么可能一下子就找到了呢？何况你又是个外国人，选择的余地自然小多了。

路易斯：我总觉得我的专业虽说不上是很热门的专业，但和我专业有关的工作还是不少的，在这方面我很自信。

珍　妮：我也相信。但现在最重要的是要有耐心，我听人家说前几年特别热门的专业是电脑、商业管理、财务会计。这些专业特好找工作，而且净是大公司，但这两年情况不一样了。

路易斯：是的，这方面的市场有些饱和了。

珍　妮：看来，一切都是随着需求的变化而发生变化的。

路易斯：不管怎样，只要不放弃努力，总会有收获的。

珍　妮：中国有句古话："谋事在人，成事在天。"意思是：做事情靠个人，成功与否靠运气和机会。

路易斯：是啊！找工作努力不努力全看我自己，能不能得到工作要看上帝了。

生　词　New Words

1. 应聘	（动）	yìngpìn	to accept an offer of employment
2. 申请表	（名）	shēnqǐngbiǎo	application form

3.	履历表	（名）	lǚlìbiǎo	curriculum vitae; résumé
4.	交	（动）	jiāo	to hand over; to deliver
5.	结果	（名）	jiéguǒ	result; consequence
6.	何况	（连）	hékuàng	much less; let alone
7.	选择	（动）	xuǎnzé	to choose; to select
8.	余地	（名）	yúdì	leeway; room; space
9.	自然	（副）	zìrán	naturally; certainly
10.	热门儿		rèménr	of great interest; popular
11.	有关	（形、动）	yǒuguān	relevant; to be concerned with
12.	自信	（动）	zìxìn	self – confident
13.	相信	（动）	xiāngxìn	to believe in; to trust
14.	管理	（名、动）	guǎnlǐ	management; to manage
15.	财务会计		cáiwù kuàijì	financial accountant
16.	饱和	（动）	bǎohé	to saturate
17.	随着	（动、副）	suízhe	to follow; in pace with
18.	放弃	（动）	fàngqì	to give up
19.	谋事		móushì	to plan matters
20.	运气	（名）	yùnqi	luck; fortune
21.	上帝	（名）	shàngdì	God

注　释　*Notes*

1. 找工作可急<u>不得</u>，……。

“不得”可以跟某些动词结合组成否定形式，补充说明不可以或不能进行某种动作。结构形式是：“<u>V + 不得</u>”。例如：

<u>不得</u> can be used after some verbs to show a negative meaning of *being unable* or *not allowed to do something*. The structure in which it is used is: <u>V + 不得</u>. For example:

（1）这辆车有毛病，<u>开不得</u>了。
（2）这件衣服你<u>穿不得</u>，太小了。
（3）太辣的东西我<u>吃不得</u>。

肯定形式是:"V+得",补充说明可以或能够进行某种动作。例如:

The affirmative form of the structure is V+得, meaning that *something may or can be done*. For example:

(4)这辆车开得开不得?

(5)这件衣服虽然旧了点,但还穿得。

2. 何况你又是个外国人,……。

连词"何况"用反问语气表示更进一层的意思。例如:

The conjunction 何况 is used in a rhetorical question to make a further statement. For example:

(1)你这么说已经错了,何况你又这么做了。

(2)这种运动对年轻人都不容易,何况对老年人呢!

(3)那个地方平时人就很多,何况今天又是星期天。

3. 我总觉得我的专业虽说不上是很热门的专业,……。

"不上"用在某些动词的后边,构成否定形式,表示补充说明动作不能或没有达到某种程度。结构形式是"V+不上"。例如:

不上 is used after some verbs as a negative form indicating that *something is limited in degree*. The structure of this usage should be: V+不上. For example:

(1)这种产品的质量不稳定,称不上名牌。

(2)那个地方不近,但是还说不上远。

(3)我和他刚认识,还谈不上很了解。

这种结构的肯定形式是"V+得上"。表示补充说明动作能够达到某种程度。例如:

The affirmative form of this structure is V+得上 meaning that *something has reached the extent expected*. For example:

(4)这种产品一直很受欢迎,称得上名牌。

(5)我和他说得上是最亲密的朋友。

4. 一切都是随着需求的变化而发生变化的。

介词“随着”组成介词结构，表示跟随人或事物的变动而发生新的变动。例如：

The preposition 随着 can be used to form a prepositional phrase indicating that *situation changes as a result of change in the people* or *the things under discussion*. For example:

(1)他随着父母去南方了。
(2)随着天气转冷，我们穿得越来越多。
(3)食品随着人们的口味发生变化。

5. 只要不放弃努力，总会有结果的。

副词“总”表示毕竟、不管怎样一定如此。例如：

The adverb 总 means *after all* or *it will be like this whatever happens*. For example:

(1)我想他总会明白你的意思的。
(2)天气总不会一直这样热下去，总要变凉快的。
(3)你今天不回家，总得往家里打个电话。

6. 成功与否靠运气和机会。

“与否”是能不能的意思，用在某些动词或形容词的后边，表示该动作该状态的肯定和否定。例如：

与否, used after some verbs or adjectives, indicates *positive and negative possibilities of an action or a state*. For example:

(1)这件事解决与否，我还不知道结果。
(2)工作顺利与否靠个人的能力。

练　习　*Exercises*

一、请把下列词语连成词组：

Connect the appropriate words from the two columns below to form phrases:

交	自己
做	申请表
选择	事情
靠	专业

二、请给括号中的词语选择适当的位置：

Put the word in the brackets in a proper place of the following sentences:

1. a. 不可能一下子 b. 就找到工作 c. 你又是个外国人。(何况)
2. a. 我的专业 b. 虽然 c. 是很热门的专业，但好找工作。(说不上)
3. 看来 a. 一切都是 b. 需求的 c. 变化而发生变化的。(随着)
4. 这些专业 a. 特别好找工作，b. 净是 c. 大公司。(而且)

三、根据课文内容区别下列句子的正误：(✓)(×)

Indicate whether the following statements are true or false according to the text:

1. 路易斯跑了不少公司去应聘，现在总算有了结果。(　　)
2. 路易斯的专业是很热门的专业，所以他很自信。(　　)
3. 这两年像电脑、商业管理等在市场上已经饱和了。(　　)
4. 路易斯是外国人，工作选择的余地自然要小多了。(　　)

四、请把下面的词语组成句子：

Arrange the following words in their correct order:

1. 最重要的　　耐心　　要有　　找工作　　是

____

2. 不放弃　　总会　　努力　　有　　只要　　收获

____

3. 事情的成功与否　　运气　　机会　　和　　靠

____

4. 要　　跟专业有关的　　一定　　找　　工作　　我朋友

____

第七十八集 我找到工作了

课　文　Text

（人物：张明、路易斯）
（地点：在路易斯家）
（情景：路易斯把找到工作的消息告诉张明）

张　明：	看你的表情，好像是交上好运了。
路易斯：	可以这么说吧，我找到工作了，不过，这工作来之不易啊。
张　明：	怎么找到的？是朋友介绍，还是看招聘广告？
路易斯：	我看广告，有合适的，我就去应聘。开始时有两家公司看了我的履历表，对我的情况感兴趣，通知我去面试。
张　明：	这可是最关键的时候了。
路易斯：	但那两次由于没有经验，面试时都没能很好地表现自己，结果全吹了。我真有点灰心了。
张　明：	后来呢？
路易斯：	一个朋友向我提供一家香港公司招聘的消息，很多人都想进这样的公司。我一了解，专业非常对口，引起了我的兴趣。
张　明：	你既会英语，又会汉语，而且是普通话，你这种条件占较大的优势。
路易斯：	我也这样想，但不免还是有点担心。要知道，只有一个位子啊。
张　明：	这很自然，但也只能去拼一下了，总不能放弃这么个好机会。
路易斯：	没错。我立即去那个公司应聘，直到面试完了以后，我才放了心。

生　词　New Words

1. 表情	（名）	biǎoqíng	facial expression
2. 交好运		jiāo hǎoyùn	to have a good luck

3.	来之不易		láizhī búyì	difficult to get; hard – earned
4.	招聘	（动）	zhāopìn	to invite applications for a post
5.	广告	（名）	guǎnggào	advertisement
6.	通知	（动、名）	tōngzhī	to inform; to notify; notice
7.	面试	（动）	miànshì	to interview (a candidate or applicant)
8.	经验	（名）	jīngyàn	experience
9.	表现	（动、名）	biǎoxiàn	to display; behavior
10.	灰心	（形）	huīxīn	disappointed
11.	提供	（动）	tígōng	to supply; to provide; to offer
12.	普通话	（名）	pǔtōnghuà	standard spoken Chinese
13.	不免	（副）	bùmiǎn	would naturally; unavoidable
14.	位子	（名）	wèizi	seat
15.	放心		fàng xīn	to set one's mind at ease

注　释　*Notes*

1. 这工作来之不易啊。

"来之不易"是表示不容易得到。例如：

来之不易 means *difficult to get* or *hard earned*. For example:

(1)他今天的成功来之不易。

(2)我们比赛的胜利来之不易。

(3)这个来之不易的成果应当珍惜。

2. 引起了我的兴趣。

动词"引起"表示某种事情或活动使另一种事情、活动出现，它所带的宾语都是抽象意义的名词或动名词。例如：

The verb <u>引起</u> means *to cause* or *lead to*. Its objects are often performed by abstract nouns or verbs in their noun form. For example:

(1)那位八十多岁的老人在打太极拳，<u>引起</u>了<u>人们的注意</u>。
(2)这种新产品<u>引起</u>了<u>顾客的兴趣</u>。
(3)她的病<u>引起</u>了<u>大夫的重视</u>。

3. 但<u>不免</u>还是有点担心。

副词"不免"是表示由于某种原因必定会产生某种结果。例如：

The adverb <u>不免</u> means *would naturally* or *unavoidable*. For example:

(1)还有那么多工作没做完，心里<u>不免</u>有些着急。
(2)刚开始做这个工作，有时<u>不免</u>要忙一些。
(3)朋友的病还没好，他<u>不免</u>有些担心。

练　习　*Exercises*

一、请把下列词语连成词组：
Connect the appropriate words from the two columns below to form phrases:

交 ·	· 机会
占 ·	· 广告
放弃 ·	· 好运
看 ·	· 优势

二、根据课文内容选择下列句子的正确答案：
Choose the right answer according to the text:

1. 路易斯怎么找到工作的？

a. 看招聘广告　　b. 朋友介绍　　c. 一个朋友提供的消息

2. 路易斯找到的工作在：

a. 北京　　b. 上海　　c. 香港

3. 那家公司为什么能引起路易斯的兴趣？

a. 待遇高　　b. 专业非常对口　　c. 条件好

4. 路易斯前两次去应聘都吹了是因为：

a. 专业不对口　　b. 面试没经验　　c. 申请表写得不好

三、根据课文内容区别下列句子的正误：（ √ ）（ × ）

Indicate whether the following statements are true or false according to the text:

1. 路易斯很容易地找到了工作。（　　）
2. 找工作最关键的是面试。（　　）
3. 路易斯既会英语，又会汉语，而且是广东话。（　　）
4. 路易斯对去香港公司一点也不担心。（　　）

四、请把下面的词语组成句子：

Arrange the following words in their correct order:

1. 兴趣　　公司的　　那两家　　引起　　路易斯的情况

____

2. 占　　优势　　条件　　很大　　我的

____

3. 放弃　　好机会　　不能　　我　　这个

____

4. 直到　　完了　　放心　　面试　　才　　我

____

第七十九集 去哪儿最合适呢?

课 文 *Text*

(人物:路易斯和旅行社一女经理)
(地点:旅行社业务部)
(情景:路易斯来到某旅行社咨询旅行路线和办理旅行手续等)

经 理: 先生,欢迎您!
路易斯: 谢谢!我想了解一下有关旅行的事。
经 理: 我们旅行社是很有信誉的,我们一定为您安排好您的旅行。
路易斯: 现在的季节,去哪儿最合适呢?
经 理: 去的地方可多啦,很多外国朋友喜欢去杭州、上海、苏州、无锡等地。
路易斯: 去西安、成都、重庆、三峡、武汉怎么样?
经 理: 这条线很不错,除这两条线以外,还可以选择桂林、广州、海南等地。您打算去哪儿?
路易斯: 我和我太太都喜欢游山玩水,对名胜古迹有兴趣,我们早就听说"上有天堂,下有苏杭。""桂林山水甲天下。"
经 理: 那就去苏杭和桂林,这是旅游热线,我帮你们搞个计划,包你满意。
路易斯: 好的,不过,我们还要去广州,请帮我们计划一下。两个星期的时间够吗?
经 理: 够了,够了。

生 词 *New Words*

1. 经理	(名)	jīnglǐ	manager
2. 业务部		yèwùbù	business department
3. 咨询	(动)	zīxún	to seek advice

4. 路线	（名）	lùxiàn	line
5. 游山玩水		yóushān-wánshuǐ	to enjoy sightseeing
6. 天堂	（名）	tiāntáng	paradise; heaven
7. 甲	（名）	jiǎ	first; first – rate; first – class
8. 热线	（名）	rèxiàn	hot line
9. 包	（动）	bāo	to ensure

专　名 *Proper Nouns*

1. 杭州	Hángzhōu	name of a city
2. 上海	Shànghǎi	name of a city
3. 苏州	Sūzhōu	name of a city
4. 无锡	Wúxī	name of a city
5. 西安	Xī'ān	name of a city
6. 成都	Chéngdū	name of a city
7. 三峡	Sānxiá	the Three Gorges
8. 武汉	Wǔhàn	name of a city
9. 桂林	Guìlín	name of a city
10. 广州	Guǎngzhōu	name of a city
11. 海南	Hǎinán	name of a province

注　释 *Notes*

1. 我想了解一下有关旅行的事情。

动词“有关”在这儿的意思表示某事涉及到某方面。例如：

The verb 有关 here means *about*. For example:

（1）大家已经知道了有关旅行的安排。

（2）你看了那篇有关健康的文章了吗？

（3）人们都在注意有关这件事情的消息。

2. 我帮你们搞个计划，……。

动词“搞”在这儿是做、干、从事的意思。例如：

The verb 搞 means *to do*, *to go in for*, or *to be engaged in*. For example:

(1)你最近在搞什么？
(2)我们已经把事情的经过搞清楚了。
(3)为介绍公司的产品，他们搞了这个活动。

3. 包你满意。

动词“包”在这儿是担保和保证的意思。例如：

The verb 包 means *to guarantee* or *ensure*. For example:

(1)我们就送她这件礼物，包她高兴。
(2)他们去广州走这条路线，包他们顺利。
(3)你就按这种方法，包你按时完成。

4. 够了，够了。

动词“够”在这儿的意思是表示数量可以满足需要。例如：

The verb 够 here means *sufficient*. For example:

(1)这次旅行3000块钱够了。
(2)一个小时就得到那儿，看来时间不够。
(3)就是二十个人，这些啤酒也够了。

练　习　*Exercises*

一、请把下列词语连成词组：

Connect the appropriate words from the two columns below to form phrases:

搞	地方
有	旅行
安排	信誉
选择	计划

二、请给括号中的词语选择适当的位置：

Put the word in the brackets in a proper place of the following sentences:

1. 我想a了解一下b旅行的c事。（有关）
2. a我和我太太b名胜古迹c有兴趣。（对）
3. a那就去苏州杭州和桂林，b我们c还要去广州。（不过）
4. a我们一定b您安排好c您的旅行。（为）

三、根据课文内容区别下列句子的正误：（√）（×）

Indicate whether the following statements are true or false according to the text:

1. 路易斯和珍妮都喜欢游山玩水。（ ）
2. 路易斯和珍妮来这儿以后才听说"上有天堂，下有苏杭"。（ ）
3. 旅游热线是指苏杭和桂林这条线。（ ）
4. 路易斯请张明帮他搞个旅游计划。（ ）

四、请把下面的词语组成句子：

Arrange the following words in their correct order:

1. 旅行路线　帮你们　一下　计划　我

____

2. 地方　去的　季节　现在的　可多啦

____

3. 一定　安排好　为您　我们　您的旅行

____

4. 这两条线　还可以　除了　别的地方　选择

____

第八十集 复 习

Review

1

A. 我去过一条街叫米市大街,我走了半天也没见一个卖米的。

B. 那个地方过去是一个买卖粮食的市场,现在也看不见了。

2

A. 我每次一进商场就被琳琅满目的商品吸引住了。

B. 我也是,而且一逛就把时间全忘了。

3

A. 我想了解一下有关旅行的事。

B. 我们旅行社是很有信誉的,我们一定为您安排好您的旅行。

4

路易斯想在中国找工作,开始的时候,他很自信,但是由于没有经验,两次面试都吹了。后来,一个朋友向他提供一家香港公司招聘的消息,他一了解,专业非常对口,引起了他的兴趣,他既会英语,又会汉语,而且是普通话,他的条件占很大的优势。他不能放弃这么好的机会。

练 习 *Exercises*

一、用所给的词语替换句中划线的部分:

Use the words given below to replace the underlined parts of the following sentences:

1. 我每次一进<u>商场</u>就被<u>琳琅满目的商品</u>吸引住了。

体育场	精彩的足球赛
剧场	演员的表演
荣宝斋	那里的字画

2. 一逛商场就把时间忘了。

下棋……吃药

看书……做饭

踢足球……什么都

二、请给括号中的词语选择适当的位置:

Put the word in the brackets in a proper place of the following sentences:

1. 我a走了半天b没见一个c卖米的。(也)
2. a琳琅满目的商品b我c吸引住了。(把)
3. a旅行的事b你们都c安排好了吗?(有关)
4. a他b不能c放弃这么好的机会。(一定)

三、根据课文内容区别下列句子的正误:(✓)(×)

Indicate whether the following statements are true or false according to the text:

1. 路易斯开始在中国找工作的时候,没有经验。( )
2. 路易斯懂汉语,但不会说普通话。( )
3. 路易斯两次面试都成功了,但他对新的工作没有兴趣。( )
4. 路易斯认为自己有很大的优势,所以不想放弃机会。( )

四、根据课文内容选择下列句子的正确答案:

Choose the right answer according to the text:

1. 路易斯在中国找工作开始的时候:

a. 没有信心　　b. 非常自信　　c. 信心不大

2. 路易斯对一家香港公司招聘的消息感兴趣是因为:

a. 工资高　　b. 环境好　　c. 专业非常对口

3. 这家公司招聘的消息是:

a. 路易斯从报纸上看到的　　b. 朋友提供的　　c. 从电视上知道的

4. 路易斯的条件占很大优势是:

a. 他是美国人　　b. 他年轻　　c. 又会中文又会英文

第八十一集 这倒是个好主意

课文 Text

(人物:路易斯、旅行社一女经理)
(地点:旅行社业务部)
(情景:在旅行社业务部,女经理为路易斯拟旅行计划)

经　理:路易斯先生,根据你们的情况,我们为你们安排了一个旅行计划,既可以节省时间,又可以多去几个地方。

路易斯:能多去几个地方是最理想的了。

经　理:我们为您选的路线是先去南京、无锡、苏州、上海、杭州,然后从杭州直飞桂林,再由桂林去广州,在广州出境,大约需要两个星期。

路易斯:两个星期来得及,在广州出境,这倒是个好主意。

经　理:南京、无锡、苏州、上海、杭州都在江南,而且各有特点,南京、杭州既是历史名城,又是有名的风景区,无锡、苏州的景色也令人着迷,上海具有东方大都市的风貌。

路易斯:你们安排得很周到,就这样决定吧。

经　理:后天早晨八点,我们旅行社的李小姐去宾馆接你们,由李小姐陪同你们旅行,希望你们旅行愉快。

路易斯:谢谢!我非常满意。

生词 New Words

1. 根据	(名、动、介)	gēnjù	basis; according to
2. 节省	(动、形)	jiéshěng	to save; economize
3. 出境	(动)	chūjìng	to leave a country

4. 江南		jiāngnán	the south of the Changjiang River
5. 景色	（名）	jǐngsè	scene; view; landscape
6. 令	（动）	lìng	to make
7. 着迷		zháomí	to be fascinated
8. 具有	（动）	jùyǒu	to possess; to have
9. 都市	（名）	dūshì	city
10. 风貌	（名）	fēngmào	style and feature

注　释　*Notes*

1. 根据你们的情况，……。

动词"根据"表示以某种事物作为结论的前提或语言行动的基础。例如：

The verb 根据 means *according to* or *on the basis of*. For example:

（1）根据最近天气的情况，不适合去南方旅行。

（2）根据大家的建议，我们举行了一次舞会。

（3）根据顾客的需要，公司设计了这个产品。

2. 我们为您选的路线是先去南京、无锡、……，然后从杭州直飞桂林，再由桂林去广州……。

"先……，然后……，再……"说明几个动作的顺序。例如：

The structure 先……，然后……，再…… is used to show the sequence of events or occurrences. For example:

（1）昨天他先来我这儿，然后才去你那儿的。

（2）我们打算先买音乐会的票，然后去吃饭，再去听音乐会。

3. 两个星期来得及，……。

"来得及"是一种肯定形式，表示还有时间，能够做到或赶上。例如：

来得及 is an affirmative form to indicate that *there is enough time to do something* or *catch a bus (train) etc*. For example:

(1)现在还有时间,去机场来得及。
(2)不用担心,信来得及寄到上海。
(3)出发时间到了,还来得及打电话吗?

否定形式是“来不及”,表示由于时间短促,不能做到或赶上。例如:

Its negative form is 来不及, which means that *there is not enough time to do something* or *catch a bus (train) etc*. For example:

(4)太晚了,已经来不及了。
(5)电影快开始了,我们来不及吃饭了。
(6)看来我来不及给朋友买礼物了。

4. 无锡、苏州的景色令人着迷,……。

“令”是让、使的意思,表示引起某种结果。例如:

The meaning of 令 is equivalent to 让 or 使, which means *to make*. For example:

(1)他们的服务令客人们满意。
(2)他的能力令我吃惊。
(3)公司的成功令全体员工高兴。

5. 上海具有东方大都市的风貌。

动词“具有”是有的意思,多用于抽象事物。例如:

The verb 具有 means *to possess* and its objects are often abstract. For example:

(1)这个产品具有很多特点。
(2)这个曲子具有民族风格。
(3)你的专业在找工作的时候具有很大的优势。

练　习 *Exercises*

一、请把下列词语连成词组:

Connect the appropriate words from the two columns below to form phrases:

节省 ·	· 都市风貌
具有 ·	· 着迷
令人 ·	· 周到
安排 ·	· 时间

二、请给括号中的词语选择适当的位置：

Put the word in the brackets in a proper place of the following sentences:

1. a旅行计划，b可以多c去几个地方。（根据）
2. a我们先去b南京上海，再c广州出境。（由）
3. a在广州b出境c是个好主意。（倒）
4. 我们a旅行社决定b李小姐陪同c你们旅行。（由）

三、根据课文内容区别下列句子的正误：（ ✓ ）（ × ）

Indicate whether the following statements are true or false according to the text:

1. 经理为他们安排了一个旅行计划，可以多去几个地方，但是不节省时间。（ ）
2. 路易斯希望多去几个地方。（ ）
3. 路易斯他们去那么多地方，三个星期来得及。（ ）
4. 由王小姐陪同路易斯他们去旅行。（ ）

四、请把下面的词语组成句子：

Arrange the following words in their correct order:

1. 你们　很周到的　为　一个　安排了　旅行计划

____

2. 非常　对你们　我们　安排　满意　周到的

____

3. 我们　早晨八点　宾馆　去　明天　接你们

____

4. 我们　愉快　希望你们　都　旅行

____

第八十二集 这是我义不容辞的责任

课文 Text

（人物：路易斯、珍妮和李小姐）
（地点：在机场候机室）
（情景：路易斯、珍妮和李小姐在候机室交谈）

路易斯：小李，南方人说话，我们能听懂吗？

小　李：没问题，现在城市里大多数人都会说普通话，如果说本地方言，就难懂了。

路易斯：在美国的时候，我们有一位中国朋友是上海人，她说上海话的时候，我一句都听不懂，听了半天只知道她在说"阿啦、阿啦""侬、侬"的，不明白是什么意思。

小　李：上海话的"阿啦"是"我、我们"的意思，"侬"是"你"的意思。

珍　妮：你懂上海话？

小　李：我老家在上海，是地道的上海人。

珍　妮：难怪，你说普通话的时候，听起来有一点儿口音，不过，挺好听的。

小　李：我普通话说得不标准，要是说上海话，就自然多了。

路易斯：到了上海，你不只是我的向导，还要请你当我们的翻译。

小　李：那当然，这是我义不容辞的责任。

生词 New Words

1. 义不容辞		yìbùróngcí	to regard an assignment as one's duty
2. 大多数	（数）	dàduōshù	most; majority

3. 本地	（名）	běndì	this locality
4. 方言	（名）	fāngyán	dialect
5. 老家	（名）	lǎojiā	native place
6. 口音	（名）	kǒuyīn	accent
7. 标准	（形）	biāozhǔn	standard; typical
8. 向导	（名）	xiàngdǎo	guide
9. 翻译	（动、名）	fānyì	to translate; translator; interpreter

注　释　*Notes*

1. 是地道的上海人。

形容词“地道”在这儿是真正的意思。例如：

The adjective 地道 here means *pure* or *typical*. For example:

(1)他的上海话说得很地道。
(2)我朋友会做地道的法国菜。
(3)他们已经成了地道的北方人了。

2. 听了半天只知道她在说……。

“半天”表示很长一段时间。例如：

半天 means *for a long time*. For example:

(1)你去哪了？我等了你半天了。
(2)我找了半天才找到汽车钥匙。
(3)我们问了半天，他还是不告诉我们。

3. 听起来有一点儿口音，……。

“起来”用在某些动词的后边，在这儿表示估计或着眼于某一方面。例如：

起来, used after some verbs, indicates *to estimate from a point of veiw*. For example:

(1)看起来，又要下雨了。
(2)听起来他对公司的情况很了解。

练　习　Exercises

一、请把下列词语连成词组：
Connect the appropriate words from the two columns below to form phrases:

地道的	普通话
义不容辞的	上海菜
标准的	方言
各地的	责任

二、根据课文内容选择下列句子的正确答案：
Choose the right answer according to the text:

1. 现在城市里大多数人都会说：

a. 英语　b. 普通话　c. 广东话

2. 路易斯的朋友说上海话，他：

a. 听懂一点　b. 一点也听不懂　c. 全都能听懂

3. 小李的普通话说得：

a. 很地道　b. 很不好　c. 有口音但很好听

4. 小李会说上海话是因为：

a. 她朋友是上海人　b. 她是地道的上海人　c. 在上海住过

三、根据课文内容区别下列句子的正误：（✓）（×）

Indicate whether the following statements are true or false according to the text:

1. 现在城市里大多数人不会说普通话。（ ）
2. 路易斯因为有一位中国朋友是上海人，所以他能听懂上海话。（ ）
3. “阿啦、侬”是上海话，不是普通话。（ ）
4. 路易斯在上海请小李当翻译，是因为她能说地道的上海话。（ ）

四、请把下面的词语组成句子：

Arrange the following words in their correct order:

1. 有　路易斯　朋友　上海人　一位　在美国　是

____

2. 普通话　有　说　一点　小李　口音

____

3. 说上海话　自然　比　说普通话　小李

____

4. 当　请　我们的　你　翻译

____

第八十三集 可惜这次没机会了

课文 Text

（人物：路易斯、珍妮和航空小姐）
（地点：在飞机上）
（情景：路易斯、珍妮和航空小姐在飞机上交谈）

路易斯：小姐，我们什么时候经过黄河、长江。
空　姐：我们马上要进入山东境内，十分钟以后经过黄河，在飞机上看得见。
珍　妮：太好了，黄河在世界上也是有名的，孔子的家乡不是也在山东吗？
空　姐：孔子的家乡在山东曲阜，这座城市的历史非常悠久，据说那里很多人姓孔，都是孔子的后代。
路易斯：孔子很了不起，他的思想和学说流传了两千多年，至今还在产生影响。
珍　妮：这种影响恐怕连孔子本人也想不到的。
空　姐：曲阜有孔府、孔庙、孔林，每年都有很多人去旅游。
路易斯：我很想去看看，可惜这次没机会了。
珍　妮：等下次有机会，我们一定去。
空　姐：先生，快到南京的时候，可以看到长江。
路易斯：黄河、长江都该好好看看。

生词 New Words

1. 后代	（名）	hòudài	later generations; descendant
2. 思想	（名）	sīxiǎng	thought
3. 学说	（名）	xuéshuō	doctrine; theory

4. 至今	（副）	zhìjīn	up to now; until this day
5. 产生	（动）	chǎnshēng	to emerge; to bring about; to produce
6. 本人	（名）	běnrén	oneself; in person

专　名 *Proper Nouns*

1. 黄河	Huánghé	the Yellow River
2. 长江	Chángjiāng	the Yangtze (Changjiang) River
3. 孔子	Kǒngzǐ	Confucius
4. 曲阜	Qūfǔ	name of a place
5. 孔府	Kǒngfǔ	Confucian Palace
6. 孔庙	Kǒngmiào	Confucian Temple
7. 孔林	Kǒnglín	The graves of Confucius and his descendants surrounded by various kinds of trees

注　释 *Notes*

1. 我们马上要进入山东境内，……。

副词"马上"表示很快将发生。例如：

The adverb 马上 means *immediately* or *right away*. For example:

(1)我们马上就可以看见黄河了。
(2)得到消息后，我马上给你去电话。
(3)你等一下，我马上就回来。

2. 在飞机上看得见。

"得见"用在某些动词的后边，补充说明可能或能够随动作感觉到。肯定的结构形式是"V＋得见"。例如：

得见, used after some verbs as a complement, indicates *to be able* or *possible to perceive by hearing, seeing, smelling, etc*. 得见 should be used like this: V＋得见. For example:

（1）声音够大的，我听得见。
（2）大门旁边的字你瞧得见吗？

否定形式是“V + 不见”，补充说明不可能或不能够随动作感觉到。例如：

Its negative form is V + 不见, which indicates *to be unable* or *impossible to perceive by hearing, seeing, smelling, etc*. For example:

（3）声音太小了，我听不见。
（4）大门旁边的字我看不见。

3. 这种影响恐怕连孔子本人也想不到的。

“不到”用在某些动词的后边，构成否定式，补充说明不可能或不能够随动作达到目的。结构形式是“V + 不到”。例如：

不到, used after some verbs as a negative form, indicates that *it is impossible to get something* or *it is unable to get something*. 不到 should be used like this: V + 不到 . For example:

（1）我到处买不到你要的书。
（2）他又找不到钥匙了。
（3）我们还是打听不到那个公司的地址。

肯定形式是“V + 得到”，补充说明可能或能够随动作达到目的。例如：

Its affirmative form is V + 不到, which indicates that *it is possible* or *able to get something*. For example:

（4）我想这本书一定买得到。
（5）你自己找得到那个地方吗？
（6）我们能打听得到那个公司的地址。

4. 可惜这次没机会了。

形容词“可惜”表示令人惋惜。例如：

The adjective 可惜 means *to feel sorry* or *it is a pity that. . . .* For example:

(1)太可惜了,他不能陪同你们去参观。

(2)这样的机会,你不拼一下的话,挺可惜的。

(3)真可惜,我们这次没有时间见面了。

练 习 *Exercises*

一、请把下列词语连成词组:

Connect the appropriate words from the two columns below to form phrases:

经过 ·	· 什么
等 ·	· 黄河
产生 ·	· 机会
姓 ·	· 影响

二、根据课文内容选择下列句子的正确答案:

Choose the right answer according to the text:

1. 路易斯他们坐飞机去:

a. 上海　b. 南京　c. 山东

2. 飞机进入山东境内,就能看得见:

a. 长江　b. 珠江　c. 黄河

3. 快到南京时就能看得见:

a. 长江　b. 珠江　c. 黄河

4. 孔子的思想和学说已经流传了:

a. 一千年　b. 两千年　c. 三千年

三、根据课文内容区别下列句子的正误：(✓)(×)

Indicate whether the following statements are true or false according to the text:

1. 飞机进入山东境内时，他们打算去看看孔庙。(　)
2. 每年都有很多人去曲阜旅游。(　)
3. 孔子的思想和学说至今还在产生影响。(　)
4. 下次有机会路易斯他们想再去曲阜参观一次。(　)

四、请把下面的词语组成句子：

Arrange the following words in their correct order:

1. 也　有名　很　在世界上　黄河

____

2. 历史　这　城市　悠久　座　非常

____

3. 谁　想不到的　也　影响　恐怕　这种

____

4. 看看　好好　该　都　黄河　长江

____

第八十四集 感谢老天爷帮忙

课　文 Text

（人物：路易斯、珍妮和李小姐）
（地点：车开往南京市区的路上）
（情景：汽车开往市区时，路易斯、珍妮和李小姐在车上交谈）

路易斯：今天飞机准时到达，挺顺利的。
珍　妮：是很顺利，连天气都在帮我们的忙，这儿的天气多好。
路易斯：感谢老天爷帮忙，我们的旅游一定会更愉快。
李小姐：路易斯先生，到了宾馆，你们先休息休息，我去安排明天的游览活动，安排好了以后，就该吃晚饭了，到时候，我去通知你们。
路易斯：晚饭以后，安排不安排活动？
珍　妮：你能陪我们去看看南京的市容吗？
李小姐：当然可以啦，现在快进入市区了，我们住的宾馆就在市中心，既方便，又舒适，希望你们能喜欢。
路易斯：你也想得很周到。

生　词 New Words

1. 感谢	（动）	gǎnxiè	to thank; to be grateful
2. 老天爷	（名）	lǎotiānyé	God; Heavens
3. 市区	（名）	shìqū	city proper
4. 市容	（名）	shìróng	appearance of a city

注　释 *Notes*

1. 连天气都在帮我们的忙，……。

“连……都……”是一个常用的结构，用来表示强调。例如：

The structure 连……都…… is often used to emphasize. For example:

(1)这儿连冬天都不冷，春天就更不会冷了。

(2)他连自己的电话号码都记不住。

(3)这几天他太忙了，连休息的时间都没有。

2. 就该吃饭了，……。

“该”表示根据情理或经验来推测，会得到必然或可能的结果。例如：

该 is used to predict the occurrence of something by reasoning. For example:

(1)他们的飞机现在该到上海了吧？

(2)已经六点多了，他该到家了。

(3)都五月了，那里该暖和了。

3. 你能陪我们去看看南京的市容吗？

“能”在这儿表示有条件或情理上许可做某事。例如：

能 here means that *it is possible to do something under a certain condition* or *it is reasonable to do something*. For example:

(1)雨一直在下，我们还能去吗？

(2)我想你能在这儿找到工作。

(3)我想我们能买到这个周末的票。

4. 现在快进入市区了，……。

“快……了”表示很快要出现某种情况。也可以说“快要……了”。例如：

快……了 same as 快要……了 means that *something will soon happen*. For example:

(1)他们快结婚了。

(2)春天到了,天气快要暖和了。

(3)我们的旅行快结束了。

练　习 *Exercises*

一、请把下列词语连成词组:

Connect the appropriate words from the two columns below to form phrases:

安排	市容
感谢	活动
住	老天爷
看	宾馆

二、根据课文内容选择下列句子的正确答案:

Choose the right answer according to the text:

1. 他们到南京时的天气:

a. 非常好　　b. 很不好　　c. 不太好

2. 一到宾馆李小姐先请路易斯他们:

a. 去吃饭　　b. 进房间休息　　c. 去游览

3. 他们住的宾馆在:

a. 郊区　　b. 市中心　　c. 一座山上

4. 晚饭后路易斯他们:

a. 看电视　　b. 看京剧　　c. 看南京市容

三、根据课文内容区别下列句子的正误：(✓)(×)

Indicate whether the following statements are true or false according to the text:

1. 今天他们的飞机准时到达南京。(　)
2. 他们一到宾馆就去餐厅吃午饭。(　)
3. 他们住的宾馆离市区不太远。(　)
4. 吃完晚饭，珍妮就睡了，因为太累了。(　)

四、请把下面的词语组成句子：

Arrange the following words in their correct order:

1. 帮助　都　天气　连　今天　我们

____

2. 就　一会儿　休息　该　了　吃晚饭

____

3. 快　我们的　进入　车　了　市区

____

4. 既　住的地方　舒适　我们　方便　又

____

第八十五集 这江南风情挺有意思

课文 Text

（人物：路易斯、珍妮和李小姐）
（地点：南京玄武湖公园）
（情景：路易斯、珍妮和李小姐坐在茶馆里品茶聊天，茶馆里有人在表演江南曲艺）

李小姐：	路易斯先生，珍妮小姐，这茶馆热闹吧，请品尝品尝玄武湖的茶。
珍　妮：	这儿真热闹，一走进来就觉得跟北方的茶馆不太一样。
路易斯：	这茶有一股清香味，很好喝。
李小姐：	南方人喝茶比较讲究，人们在这里除了喝茶、吃小吃、聊天以外，还可以欣赏江南的各种曲艺。
路易斯：	这江南风情挺有意思。
李小姐：	你们这次没有机会去山东旅游，明天我们去逛夫子庙吧。
珍　妮：	夫子庙就是孔庙吧，在哪儿？
李小姐：	在秦淮河畔，从古到今那里一直很繁华。
路易斯：	离秦淮河不远有个莫愁湖，也是很有名的，离夫子庙近不近？
李小姐：	很近，是顺路。说起莫愁湖来还有个传说呢，古时候，洛阳有个能歌善舞的姑娘，叫莫愁，她远离家乡，嫁到南方，就住在秦淮河附近的湖边上，后来人们就把这湖叫莫愁湖。
珍　妮：	那我们明天去夫子庙的时候，顺路游览一下莫愁湖。
李小姐：	好的。

生词 New Words

1. 风情	（名）	fēngqíng	local conditions and customs

2. 表演	（动）	biǎoyǎn	to perform
3. 曲艺	（名）	qǔyì	Chinese folk art forms such as ballad singing, story telling, comic dialogues etc.
4. 茶馆	（名）	cháguǎn	tea house
5. 清香	（形）	qīngxiāng	delicate fragrance; faint scent; refreshing fragrance
6. 畔	（名）	pàn	riverbank; shore
7. 繁华	（形）	fánhuá	prosperous; flourishing
8. 顺路	（副、形）	shùnlù	on the way
9. 能歌善舞		rénggē-shànwǔ	to have the gift of singing and dancing
10. 嫁	（动）	jià	to marry

专　名　*Proper Nouns*

1. 玄武湖	Xuánwǔhú	Xuanwu Lake
2. 夫子庙	Fūzǐmiào	Confucian Temple
3. 秦淮河	Qínhuáihé	Qinhuai River
4. 莫愁湖	Mòchóuhú	Mochou Lake
5. 洛阳	Luòyáng	name of a city

注　释　*Notes*

1. 一走进来就觉得跟北方的茶馆不太一样。

“进来”用在某些动词的后边，表示随动作从外面到里面。例如：

进来, used after some verbs, indicates that *the action moves from outside to inside*. For example:

(1)他从外边跑进来。
(2)服务员送进来一封信。
(3)我朋友带进来两个客人。

2. 从古到今那里一直很繁华。

"从……到……"用来说明某个时段或某个阶段等。例如:

从……到…… is used to indicate *a certain period of time* or *a certain stage*. For example:

(1)从去年到现在,他都住在上海。
(2)这场比赛从开始到结束都很紧张。
(3)从北京到上海,坐飞机只要一个多小时。

3. 后来人们就把这湖叫莫愁湖。

"把……叫……"意思是"给……起一个名字"。例如:

把……叫…… means 给……起一个名字, *to give sombody or something a name*. For example:

(1)他父母把这个孩子叫牛牛。
(2)他们把那个篮球队叫公牛队。

4. 顺路游览一下莫愁湖。

"顺路"表示依着所走的路线到另一处。例如:

顺路 means *to go to a place on the way to somewhere else*. For example:

(1)去商场的时候,顺路去书店看看。
(2)从故宫回来的时候,我顺路去了父母的家。
(3)我们不用专门去买,明天顺路买一下就行了。

练　习　*Exercises*

一、请把下列词语连成词组:

Connect the appropriate words from the two columns below to form phrases:

表演	莫愁湖
品	曲艺
游览	茶
远离	家乡

二、请给括号中的词语选择适当的位置:

Put the word in the brackets in a proper place of the following sentences:

1. a一走进南方的茶馆b觉得跟北方的c不太一样。(就)
2. a人们在这里b可以喝茶、吃小吃,还可以c欣赏江南曲艺。(除了)
3. 你们这次a没有机会b去山东旅游,c等以后的机会了。(只好)
4. a后来人们b把这湖c叫莫愁湖。(就)

三、根据课文内容区别下列句子的正误:(✓)(×)

Indicate whether the following statements are true or false according to the text:

1. 人们在茶馆里除了喝茶、吃小吃以外,还可以看电影。( )
2. 从夫子庙到莫愁湖不是顺路。( )
3. 莫愁姑娘只会唱歌不会跳舞。( )
4. 夫子庙就是孔庙。( )

四、请把下面的词语组成句子:

Arrange the following words in their correct order:

1. 一直　　很　　从古到今　　夫子庙　　繁华

____

2. 喝茶　　比较　　南方人　　讲究　　大多数

____

3. 说起　　还有　　莫愁湖　　传说　　一个　　呢

____

4. 茶　　清香味　　玄武湖的　　有　　一股

____

第八十六集　请帮我们照一张

课　文　Text

（人物：路易斯、珍妮和李小姐）
（地点：在无锡太湖之滨）
（情景：李小姐和路易斯、珍妮在太湖边上边游览边交谈）

路易斯：李小姐，请帮我们照一张，这儿的景色太迷人了。
李小姐：我一定把它照好，请你们相信我的技术。
珍　妮：当然相信，我们就站在这儿吧。
李小姐：行，你们背后是太湖，远处又有山，这景选得好极了。
珍　妮：这儿的湖光山色，另有一种情趣。
路易斯：山外有山，湖中有湖，无锡的山水构成了一幅幅天然壮丽的图画。
珍　妮：太湖的面积有多大？
李小姐：有两千四百多平方公里，可以从这里坐船去杭州。
路易斯：太湖周围有不少风景区吧。
李小姐：除了无锡，还有苏州、宜兴、杭州等。
路易斯：太湖风光真让人留恋。

生　词　New Words

1.	背后	（名）	bèihòu	behind; at the back; behind one's back
2.	选	（动）	xuǎn	to select; to choose
3.	湖光山色		húguāng-shānsè	lake and mountain scenery
4.	情趣	（名）	qíngqù	interest

5. 壮丽	（形）	zhuànglì	magnificent
6. 面积	（名）	miànjī	area
7. 平方公里	（量）	píngfānggōnglǐ	square kilometer
8. 风光	（名）	fēngguāng	scenery
9. 留恋	（动）	liúliàn	to be unwilling to leave

专　名　*Proper Nouns*

1. 太湖	Tàihú	Taihu Lake
2. 宜兴	Yíxīng	name of a city

注　释　*Notes*

1. 这景选得好极了。

“极了”用在形容词后边，表示程度很高。例如：

极了 is used after adjectives to describe the superlative of something. For example:

（1）这儿的景色美极了。
（2）她唱歌唱得好听极了。
（3）时间过得快极了。

2. 从这里可以坐船去杭州。

介词结构“从……”用来指出处所，说明动作开始的地方。例如：

The prepositional phrase 从…… is used to denote the place where an action begins. For example:

（1）我们打算从北京出发去上海。
（2）他从家里拿去很多吃的东西。
（3）他们从哪儿买来这么多新鲜水果？

练　习　*Exercises*

一、请把下列词语连成词组：

Connect the appropriate words from the two columns below to form phrases:

选	高
有	优美
照相技术	景
风景	情趣

二、根据课文内容选择下列句子的正确答案：

Choose the right answer according to the text:

1. 路易斯照相选了一个很优美的景是：

a. 前边是太湖，后边是山　　b. 左边是水，右边是山　　c. 后边是太湖，远处又有山

2. 太湖的面积有：

a. 两千七百多平方公里　　b. 两千五百多平方公里　　c. 两千四百多平方公里

3. 从太湖坐船可以去：

a. 南京　　b. 杭州　　c. 上海

4. 太湖周围的风景区除了无锡还有：

a. 苏州、上海、宜兴　　b. 杭州、南京、苏州　　c. 苏州、杭州、宜兴

三、根据课文内容区别下列句子的正误：（√）（×）

Indicate whether the following statements are true or false according to the text:

1. 李小姐请路易斯帮她照一张相。（ ）
2. 无锡的山水就像一幅幅天然壮丽的图画。（ ）
3. 路易斯不相信李小姐的照相技术。（ ）
4. 他们准备从太湖坐船去上海。（ ）

四、请把下面的词语组成句子：

Arrange the following words in their correct order:

1. 景　　选得　　你的　　好极了　　这个

____

2. 真　　留恋　　风光　　让人　　这儿的

____

3. 周围　　风景区　　不少　　太湖　　还有

____

4. 站在　　照相　　就　　这儿　　我们　　吧

____

第八十七集　我更喜欢朴素自然一点的

课　文　Text

（人物：路易斯、珍妮和李小姐）
（地点：在苏州拙政园）
（情景：路易斯、珍妮和李小姐在苏州拙政园边游览边交谈）

路易斯：苏州到处是园林，虽然都不太大，但各有各的特点。
珍　妮：这儿以水为主，各种建筑都围绕着水，设计得很巧妙。
李小姐：这拙政园是苏州园林的代表。
路易斯：跟北京的皇家园林的风格不一样。
珍　妮：北京的园林比较华丽，而苏州园林古色古香，比较朴素自然。
路易斯：比较起来，我更喜欢朴素自然一点的。
李小姐：有些北京园林是模仿江南园林建造的，它吸取了江南园林的优点。
珍　妮：苏州真是个好地方，不但有那么多风格不同的园林，而且整个城市也非常美。
路易斯：听说还出了不少有名的文人。
李小姐：苏州的名人可多啦，明代的唐寅、文徵明、祝允明等都是苏州人，他们的字画都是国宝。

生　词　New Words

1. 朴素	（形）	pǔsù	plain and simple
2. 围绕	（动）	wéirǎo	to surround; to enclose

3. 华丽	（形）	huálì	pompous; beautiful; gorgeous
4. 模仿	（动）	mófǎng	to imitate
5. 吸取	（动）	xīqǔ	to absorb; to draw
6. 优点	（名）	yōudiǎn	good point; merit
7. 文人	（名）	wénrén	man of letters
8. 国宝	（名）	guóbǎo	national treasure

专　名　*Proper Nouns*

1. 拙政园	Zhuōzhèngyuán	Zhouzheng Garden
2. 唐寅	Táng Yín	name of a person
3. 文徵明	Wén Zhēngmíng	name of a person
4. 祝允明	Zhù Yǔnmíng	name of a person

注　释　*Notes*

1. 虽然都不太大，但是各有各的特点。

“虽然……但是……”是个常用的结构，表示让步，先用“虽然”承认某种事实，后用“但是”肯定另一事实。例如：

虽然……但是…… meaning *although*. . ., is an often used structure to make a concession. For example:

（1）虽然他学了半年的汉语，但是说得不错了。
（2）虽然他年龄不大，但是知道的事情不少。
（3）虽然外边在下雨，但是我们还是出发了。

2. 各种建筑都围绕着水，……。

助词“着”用在某些动词的后边，表示动作状态的持续。例如：

The particle 着, used after some verbs, indicates the continuation of a state or an action. For example:

(1)门开着,但是房间里没人。
(2)他正坐着看报。
(3)你快进去,我在门口等着你。

3. 跟北京的皇家园林的风格不一样。

"跟……不一样"用来表示某物体与某物体不相同。例如:

跟……不一样 means *to be different from*. . . . For example:

(1)今天的天气跟昨天不一样。
(2)北方风味跟南方风味不一样。
(3)这个饭店的价钱跟那个饭店的价钱很不一样。

4. 我更喜欢朴素自然一点的。

副词"更"用来比较,表示程度增加。例如:

The adverb 更, used in comparison, indicates a higher or lower degree. For example:

(1)今天更冷了,多穿点儿。
(2)打太极拳以后,他的身体更健康了。
(3)你自己去吧,我更愿意呆在家里看书。

练　习 *Exercises*

一、请把下列词语连成词组:

Connect the appropriate words from the two columns below to form phrases:

各有各的	优点
模仿	设计
吸取	别人
巧妙的	风格

二、请给括号中的词语选择适当的位置：

Put the word in the brackets in a proper place of the following sentences:

1. 苏州到处是 a 园林，b 都不 c 太大，但各有各的特点。（虽然）
2. 比较起来 a 我 b 喜欢 c 朴素自然一点的。（更）
3. 苏州 a 有 b 那么多 c 风格不同的园林，而且整个城市也很美。（不但）
4. 苏州 a 是 b 个好地方，还出了 c 不少名人。（真）

三、根据课文内容区别下列句子的正误：（✓）（×）

Indicate whether the following statements are true or false according to the text:

1. 苏州的园林设计得很巧妙。（　　）
2. 拙政园的风格跟北京皇家园林的风格差不多。（　　）
3. 北京的园林比较华丽，而苏州的园林古色古香，朴素自然。（　　）
4. 路易斯喜欢朴素自然一点的园林。（　　）

四、请把下面的词语组成句子：

Arrange the following words in their correct order:

1. 围绕着　　设计的　　水　　建筑　　各种　　都

____

2. 是　　拙政园　　园林的　　代表　　苏州

____

3. 跟　　北京的　　苏州园林　　风格　　不一样

____

4. 字画　　都　　国宝　　是　　苏州名人的

____

第八十八集 我早就把它摄下来了

课　文 Text

（人物：路易斯、珍妮和李小姐）
（地点：在码头和游船上）
（情景：路易斯、珍妮和李小姐游览苏州古城时，在游船上进行交谈）

李小姐：路易斯先生，请你们跟我来，我们现在就上船，先沿着运河游览。
路易斯：是大运河吧。
李小姐：是南北大运河，从北京的通县起，到浙江的杭州止，全长一千多公里。
珍　妮：现在还可以通到北京吗？
李小姐：早就不通北京了，在清代因为黄河改道，大运河发生断流，现在只有江苏、浙江境内的南运河还是一条重要的水上运输通道。
路易斯：真可惜，否则可以从北京坐船南下，直到杭州，是多好的旅游线路呀！
李小姐：现在我们已进入苏州古城了。
珍　妮：前面有小桥，两岸是人家，人们在码头上洗衣服、洗菜，这多有意思！路易斯，快用摄像机摄下来。
路易斯：我早就把它摄下来了，这儿真是东方的威尼斯。

生　词 New Words

1. 摄	（动）	shè	to take a photograph
2. 码头	（名）	mǎtou	wharf; dock

3. 沿	（介）	yán	along
4. 运河	（名）	yùnhé	canal
5. 从……起		cóng. . . qǐ	from
6. 到……止		dào. . . zhǐ	till
7. 改道		gǎidào	to change course
8. 断流		duànliú	to dry up
9. 人家	（名）	rénjiā	family
10. 摄像机	（名）	shèxiàngjī	video camera

专　名　*Proper Nouns*

1. 通县	Tōngxiàn	name of a place
2. 浙江	Zhèjiāng	name of a province
3. 威尼斯	Wēinísī	Venice

注　释　*Notes*

1. 我早就把它摄下来了。

“下来”用在某些动词的后边，可以用来表示动作完成或产生新的结果。例如：

下来, used after some verbs indicates *the completion of an action* or *something new as its outcome*. For example:

(1)我把自己的想法写下来了。
(2)你记下来他们的电话号码了吗？
(3)等我在北京住下来，就告诉你们。

2. 先沿着运河游览。

动词"沿着"是顺着江湖、道路或物体的边。通常不单独使用。例如：

The verb 沿着 means *along a river, a road, etc.*. It cannot be used alone. For example:

(1)我们喜欢沿着湖边散步。
(2)沿着这条山路往上爬，就能到达山顶。
(3)沿着这个方向走，就能到公园的大门。

3. 从北京的通县起，到浙江的杭州止，……。

"从……起，到……止"表示地点或时间的全部范围。例如：

The structure 从……起，到……止 is used to indicate a period of time or a range of something. For example:

(1)长城从东边的山海关起，到西边的嘉峪关止。
(2)这条旅行路线从上海起，到广州止。
(3)这个展览从1月10日起，到1月20日止。

4. 现在我们已进入苏州古城了。

动词"进入"表示动作进到某个范围或某个时期里。例如：

The verb 进入 indicates to *go into(a place, a period, a stage)*. For example:

(1)演员已经进入剧场。
(2)这个国家的经济进入了新的发展时期。
(3)马上要进入21世纪了。

练　习　*Exercises*

一、请把下列词语连成词组：

Connect the appropriate words from the two columns below to form phrases:

旅游 ·	· 运输
重要 ·	· 线路
东方的 ·	· 通道
水上 ·	· 威尼斯

二、请给括号中的词语选择适当的位置:

Put the word in the brackets in a proper place of the following sentences:

1. 我们 a 现在 b 就上船,c 沿着运河游览。(先)
2. a 因为黄河改道,大运河 b 发生断流,c 就不通北京了。(早)
3. 真可惜,a 可以 b 从北京坐船南下,c 直到杭州。(否则)
4. a 我 b 把它 c 摄下来了。(早就)

三、根据课文内容区别下列句子的正误: (√) (×)

Indicate whether the following statements are true or false according to the text:

1. 南北大运河全长两千多公里。( )
2. 现在大运河可以直通北京。( )
3. 苏州古城的人们在码头上洗衣服、洗菜。( )
4. 苏州又叫"东方的威尼斯"。( )

四、请把下面的词语组成句子:

Arrange the following words in their correct order:

1. 沿着 游览 可以 我们 运河

____

2. 运输 重要的 一条 水上 通道 这是

____

3. 苏州古城 已经 我们 了 进入 现在

____

4. 下来 摄 摄像机 把 这景 快用

____

第八十九集　你净揭我的老底

课　文　Text

（人物：路易斯、珍妮和李小姐）
（地点：在上海东方明珠的塔上）
（情景：路易斯、珍妮和李小姐在东方明珠塔上边观赏上海夜景边交谈）

路易斯：	李小姐，到了上海，你怎么不说上海话呢？
李小姐：	我一说上海话，那你们就听不懂了。
路易斯：	我也会说上海话了，李小姐，你相信不相信？
珍　妮：	别听他吹，他就会说"阿拉弗晓得"，别的就一问三不知了。
路易斯：	你净揭我的老底，我好不容易跟服务员学了一句。
李小姐：	你就好好跟我学吧。看，对面就是上海最繁华的南京路。
珍　妮：	那儿到处是各色各样的霓虹灯，真是五光十色，一定很热闹。
路易斯：	听说上海的服装很不错。
李小姐：	上海的服装式样好，品种多，价格也不贵。你们可以多买点。
珍　妮：	那明天我们去逛商店。
路易斯：	别忘了去逛城隍庙，那里的南翔包子不能不吃。
李小姐：	放心吧，明天都会去的。

生　词　New Words

1. 老底	（名）	lǎodǐ	one's unsavory background; one's past
2. 塔	（名）	tǎ	pagoda; tower
3. 观赏	（动）	guānshǎng	to see and enjoy; to view and admire
4. 夜景	（名）	yèjǐng	night view; night scene

5.	吹	（动）	chuī	to boast
6.	各色各样		gèsè-gèyàng	colourful
7.	霓虹灯	（名）	níhóngdēng	neon light
8.	五光十色		wǔguāng-shísè	multicoloured; bright with many colours
9.	式样	（名）	shìyàng	type; style
10.	价格	（名）	jiàgé	price
11.	包子	（名）	bāozi	steamed stuffed bun

专 名 *Proper Nouns*

1.	东方明珠	Dōngfāng míngzhū	the Oriental Pearl
2.	城隍庙	Chénghuángmiào	the Temple of City God
3.	南翔	Nánxiáng	name of a city

注 释 *Notes*

1. 你怎么不说上海话呢？

疑问代词"怎么"用来询问原因、方式、状态、性质等。例如：

The interrogative pronoun 怎么 is used to ask why and how something is done, or its state and nature. For example:

(1)他怎么不坐车来？
(2)天怎么热了？
(3)你们怎么没请他？

2. 我也会说上海话了，……。

助动词"会"用在动词的前边，意思是指有能力做某事。表示否定意思时要用"不"。例如：

The auxiliary verb 会, used before verbs, means *can* or *to know how to do*. Its negative form is 不会。 For example:

(1)他早就会踢足球了。
(2)我还是不会唱这个英文歌。
(3)你会不会打太极拳?

3. 别的就一问三不知了。

俗语"一问三不知"表示什么也不知道。例如:

The common saying 一问三不知 means *to know nothing about. . . .* For example:

(1)你别问他,他一问三不知。
(2)关于他的情况,你怎么一问三不知呢?
(3)关于这次的旅行路线,我朋友一问三不知。

4. 你就好好跟我学吧。

介词"跟"组成介词结构"跟……",指出与动作有关的对方。例如:

The preposition 跟 forms a prepositional phrase to introduce the object of an action. For example:

(1)他把自己的想法跟朋友们说了。
(2)这件事你最好跟爱人商量商量。
(3)他们在跟谁比赛乒乓球?

5. 真是五光十色,……。

成语"五光十色"形容色彩鲜艳,样式很多。例如:

The idiom 五光十色 indicates *resplendent with variegated coloration.* For example:

(1)晚会上,五光十色的灯光非常漂亮。
(2)展览会上的展品五光十色。

练　习　*Exercises*

一、请把下列词语连成词组:

Connect the appropriate words from the two columns below to form phrases:

五光十色的 ·	· 包子
繁华的 ·	· 式样
服装的 ·	· 南京路
南翔的 ·	· 霓虹灯

二、请给括号中的词语选择适当的位置：

Put the word in the brackets in a proper place of the following sentences:

1. 到了上海，你 a 不 b 说上海话 c 呢？（怎么）
2. 他就会说 a"阿拉弗晓得"，别的 b 就 c 了。（一问三不知）
3. 你就 a 好好 b 我 c 学吧。（跟）
4. 价钱也不贵，a 你们 b 多 c 买点。（可以）

三、根据课文内容区别下列句子的正误：（✓）（×）

Indicate whether the following statements are true or false according to the text:

1. 李小姐到了上海不说上海话是怕路易斯不懂。（　）
2. 路易斯跟司机学了一句上海话。（　）
3. 上海的服装式样好，品种多，价钱也不贵。（　）
4. 路易斯说明天去城隍庙不能吃那里的南翔包子。（　）

四、请把下面的词语组成句子：

Arrange the following words in their correct order:

1. 你们　　上海话　　听不懂了　　我一说　　就

____

2. 上海话　　也　　我　　会　　了　　说

____

3. 不能不　　南翔包子　　吃　　城隍庙的

____

4. 到处　　各色各样的　　是　　那儿　　霓虹灯

____

第九十集 复习

Review

1

A. 我老家在上海，是地道的上海人。

B. 难怪，你说普通话的时候，听起来有一点儿口音，不过，挺好听的。

2

A. 请帮我们照一张，这儿的景色太迷人了。

B. 我一定把它照好，请你们相信我的技术。

3

A. 苏州到处是园林，虽然都不太大，但各有各的特点。

B. 这儿是以水为主，各种建筑都围绕着水，设计得很巧妙。

4

南北大运河从北京的通县起，到浙江的杭州止，全长一千多公里。在古代一直是一条重要的运输通道，后来因为黄河改道，大运河发生断流，否则可以从北京坐船南下，直到杭州。现在只有江苏、浙江境内的南运河还是一条水上运输通道，也是一条有名的旅游路线。

练　习　*Exercises*

一、请把下列词语连成词组：

Connect the appropriate words from the two columns below to form phrases:

地道的 ·	· 景色
迷人的 ·	· 普通话
巧妙的 ·	· 通道
重要的 ·	· 设计

二、请给括号中的词语选择适当的位置：

Put the word in the brackets in a proper place of the following sentences:

1. a 苏州的园林 b 都不太大，但 c 各有各的特点。（虽然）
2. 各种建筑都 a 围绕 b 水，设计 c 得很巧妙。（着）
3. a 南北大运河 b 北京的通县起，c 到浙江的杭州止。（从）
4. 因为黄河改道，a 可以 b 从北京南下，c 直到杭州。（否则）

三、根据课文内容区别下列句子的正误： （√） （×）

Indicate whether the following statements are true or false according to the text:

1. 苏州园林设计得很巧妙，但不是以水为主。（ ）
2. 南北大运河从古代到现在一直是一条重要的运输通道。（ ）
3. 南北大运河全长两千多公里。（ ）
4. 现在可以从北京坐船南下到杭州。（ ）

四、请把下面的词语组成句子：

Arrange the following words in their correct order:

1. 的时候　听起来　说普通话　他　口音　有点

____

2. 相信　你们　我的　技术　请

____

3. 还是　旅游　有名的　路线　南运河　一条

____

4. 南北大运河　运输　在古代　一条　一直是　通道

____

第九十一集 你说得最恰当不过了

课 文 *Text*

（人物：路易斯、珍妮和李小姐）
（地点：在杭州虎跑）
（情景：路易斯、珍妮和李小姐在游览虎跑时交谈）

路易斯：西湖太美了，许多名胜不只是风景美，连名字也非常美，什么断桥残雪、苏堤春晓、平湖秋月、柳浪闻莺、三潭印月呀！名字都非常好听。

珍　妮：这些地方真够迷人的，用中国话来说，是名副其实。

路易斯：你说得最恰当不过了。李小姐，这儿为什么叫“虎跑”呢？取的名字跟西湖十景不太一样。

李小姐：传说唐代的时候，这里住着一位非常受人尊敬的和尚，可是这里没有水，生活不太方便。一天夜里，他梦见两只老虎在这儿跑地作穴，第二天醒来一看，不见老虎，这儿却涌出了甘甜的泉水，所以才有“虎跑”这个名字。

珍　妮：原来是这样，怪不得叫“虎跑”呢。

路易斯：挺有意思。到了虎跑，不能忘了品尝“虎跑水，龙井茶”。

李小姐：对，不喝“虎跑水，龙井茶”，要遗憾的。

生 词 *New Words*

1. 恰当	（形）	qiàdàng	appropriate
2. 名副其实		míngfùqíshí	deserve one’s reputation

3.	尊敬	（动）	zūnjìng	to respect
4.	和尚	（名）	héshang	Buddhist monk
5.	梦见	（动）	mèngjiàn	to see in a dream
6.	跑地		páodì	to dig the ground
7.	穴	（名）	xué	cave; den
8.	醒	（动）	xǐng	to wake up
9.	涌	（动）	yǒng	to surge; to gush up
10.	甘甜	（形）	gāntián	sweet
11.	泉水	（名）	quánshuǐ	spring

专　名　*Proper Nouns*

1.	西湖	Xīhú	West Lake
2.	断桥残雪	Duànqiáo cánxuě	Broken Bridge with Melting Snow
3.	苏堤春晓	Sūdī chūnxiǎo	Bank of the West Lake in Early Spring
4.	平湖秋月	Pínghú qiūyuè	the Autumn Moon of the Peaceful Lake
5.	柳浪闻莺	Liǔlàng wényīng	Orioles Singing from the Willows
6.	三潭印月	Sāntán yìnyuè	the Reflection of the Moon in the Three Ponds
7.	虎跑	Hǔpáo	tigers stamping ground
8.	唐代	Tángdài	the Tang Dynasty

注　释　*Notes*

1. 用中国话来说，……。

"用……来……"常用于表示后一动作所凭借的方式、手段或工具。"来"常可以省略。例如：

用……来…… is often used to show the way or the method of doing something. 来 is often omitted. For example:

(1)他喜欢用开水(来)沏茶。

(2)我想用他的办法来讲解。

(3)我们用什么方式来庆祝[illegible]的生日？

2. 是名副其实。

“名副其实”是个常用的成语，意思是名称或名声跟实际情况相符合。也可写作“名符其实”。例如：

The idiom 名副其实, is the same as 名符其实, and means *to be worthy of the name*. For example:

(1)他要成为一个名副其实的医生。

(2)那个地方的名字很美，景色也很迷人，真是名副其实。

3. 这儿却涌出了甘甜的泉水，……。

“出”跟某些动词结合，补充说明物体随动作从里向外。例如：

出 is used after some verbs as a complement to describe a movement away or out of. For example:

(1)他从银行取出很多钱。

(2)火车从北京站开出。

(3)他把客人送出大门。

练　习　Exercises

一、请把下列词语连成词组：

Connect the appropriate words from the two columns below to form phrases:

生活 ·	· 好听
泉水 ·	· 方便
风景 ·	· 迷人
名字 ·	· 甘甜

二、请给括号中的词语选择适当的位置：

Put the word in the brackets in a proper place of the following sentences:

1. 西湖 a 太美了，许多名胜 b 是风景美，c 连名字也非常美。（不只）
2. 这些地方 a 也 b 真 c 迷人的。（够）
3. 这里 a 住着一位非常受人尊敬的和尚，b 这里没有水，c 生活不太方便。（可是）
4. 和尚第二天醒来一看，不见老虎，a 这儿 b 涌出了 c 甘甜的泉水。（却）

三、根据课文内容区别下列句子的正误：（✓）（×）

Indicate whether the following statements are true or false according to the text:

1. 西湖有十处风景优美的名胜，人们称西湖十景。（　　）
2. 西湖有的名胜风景很美，但名字不好听。（　　）
3. "虎跑泉"的传说跟唐代的一位和尚有关系。（　　）
4. 到了虎跑，一定要品尝一下"虎跑水，龙井茶"。（　　）

四、请把下面的词语组成句子：

Arrange the following words in their correct order:

1. 也非常美　　许多名胜　　连名字　　风景美　　不只是

____

2. 真美　　名副其实的　　是　　这些地方

____

3. 怎么　　不太一样　　跟西湖十景　　这个名字

____

4. 虎跑水　　不喝　　要　　龙井茶　　遗憾的

____

第九十二集 东坡肉是非吃不可了

课 文 *Text*

（人物：路易斯、珍妮和李小姐）
（地点：在杭州楼外楼饭店）
（情景：路易斯、珍妮和李小姐在楼外楼饭店用餐，边远眺西湖全景边交谈）

李小姐：今天请二位到杭州最有名的饭店来吃饭，品尝品尝杭州风味菜。

路易斯：这儿面临西湖，多好的环境呀！在这儿吃饭更是一种享受。

珍　妮：李小姐，你给介绍介绍。

李小姐：楼外楼饭店在杭州几乎是家喻户晓的，已经有一百多年的历史，有很多传统名菜，什么东坡肉、叫化鸡、西湖醋鱼、莼菜汤啦……有几十种呢。

路易斯：东坡肉！一定跟苏东坡有关，对吗？

李小姐：苏东坡在杭州做官时，他发动民工兴修水利，在西湖筑堤，就是我们对面的那个苏堤，堤修好后，苏东坡用自己喜欢吃的肉来招待民工，这肉肥而不腻，味道好极了，从此东坡肉就流传开来了。

珍　妮：听你这么一说，我一定要尝尝东坡肉。

路易斯：除了东坡肉以外，我想尝尝西湖醋鱼。

珍　妮：再要两个蔬菜，清淡一点的。

李小姐：来个莼菜汤，非常清淡，一定适合你们的口味。

生 词 *New Words*

1. 东坡肉　（名）dōngpōròu　stewed pork in brown sauce

2. 面临	(动)	miànlín	to be faced with
3. 环境	(名)	huánjìng	environment; surroundings
4. 享受	(动)	xiǎngshòu	to enjoy
5. 家喻户晓		jiāyù-hùxiǎo	well known; known to everybody
6. 叫化鸡	(名)	jiàohuājī	beggars' chicken(specially prepared chicken)
7. 莼菜汤	(名)	chúncàitāng	water shield soup
8. 发动	(动)	fādòng	to launch; to start
9. 民工	(名)	míngōng	labourers working on a public project
10. 兴修水利		xīngxiū shuǐlì	to build water conservancy projects
11. 筑堤		zhùdī	to build dikes; to embank
13. 肥	(形)	féi	fat
14. 腻	(形)	nì	greasy; oily
15. 口味	(名)	kǒuwèi	taste

专 名 *Proper Noun*

1. 楼外楼饭店	Lóuwàilóu Fàndiàn	Louwailou Restaurant
2. 苏东坡	Sū Dōngpō	name of a person

注 释 *Notes*

1. 这儿面临西湖，多好的环境呀！

"多"跟形容词结合，通常表示程度高，用于赞赏，带夸张的语气。也说"多么"例如：

多 is used before adjectives to describe high praise with an element of exaggeration. 多 can be replaced by 多么。 For example:

(1)他多能,竟能想出这么好的主意。
(2)山上的风景多迷人!
(3)这些年轻人多么可爱!

2. 楼外楼饭店在杭州几乎是家喻户晓的,……。

成语"家喻户晓"的意思是每家每户都知道。例如:

The idiom 家喻户晓 means *known to everybody*. For example:

(1)他的名字在我们这里家喻户晓。
(2)这位演员很有名,几乎是家喻户晓。

3. 一定跟苏东坡有关,对吗?

"跟……有关"的意思是"和……有关系"。例如:

跟……有关, is the same as 和……有关系, and means *to be relevant to. . . .* For example:

(1)这些问题跟经济发展的速度有关。
(2)产品的质量跟技术水平有关。
(3)他的病跟不注意锻炼有关。

4. 从此东坡肉就流传开来了。

"从此"表示从那个(或这个)时候开始。例如:

从此 means *from now on* or *from then on*. For example:

(1)这里修好了一条新路,从此交通会更方便。
(2)他眼睛有了毛病,从此他再也没开车。
(3)四年前我在北京见过他一次,从此没有再见过。

5. 从此东坡肉就流传开来了。

"开来"用在某些动词后边,表示随动作展开。例如:

When used after some verbs, 开来 means *to spread out*. For example:

(1)这个歌曲很快在人们中间传开来。
(2)要用的资料都摊开来了。
(3)我已经把箱子打开来了。

练　习　*Exercises*

一、请把下列词语连成词组：
Connect the appropriate words from the two columns below to form phrases:

东坡	汤
叫化	醋鱼
西湖	鸡
莼菜	肉

二、根据课文内容选择下列句子的正确答案：
Choose the right answer according to the text:

1. 楼外楼饭店的历史有：

a. 二百多年　　b. 一百多年　　c. 五十多年

2. 知道楼外楼饭店的人家：

a. 几乎没有　　b. 相当多　　c. 不太多

3. 苏东坡在杭州做官时，发动民工在西湖：

a. 修路　　b. 筑堤　　c. 修桥

4. 路易斯除了东坡肉以外，还想尝尝：

a. 西湖醋鱼　　b. 叫化鸡　　c. 烤鸭

三、根据课文内容区别下列句子的正误：（√）（×）

Indicate whether the following statements are true or false according to the text:

1. 他们在楼外楼饭店吃饭就可以看见西湖的苏堤。（　　）
2. 苏东坡用自己亲手做的肉来招待民工。（　　）
3. 东坡肉肥而不腻，味道好极了。（　　）
4. 路易斯珍妮他们非常喜欢清淡点儿的菜。（　　）

四、请把下面的词语组成句子：

Arrange the following words in their correct order:

1. 西湖　　这儿　　多好的　　面临　　环境　　呀

____

2. 有关　　一定　　跟苏东坡　　吧　　东坡肉

____

3. 蔬菜　　清淡一点的　　再　　两个　　来

____

4. 适合　　口味　　一定　　你们的　　这个菜

____

第九十三集 真是这么回事

课文 Text

（人物：路易斯、珍妮和李小姐）
（地点：在杭州机场）
（情景：路易斯、珍妮和李小姐要离开杭州，在机场候机室交谈）

路易斯：时间过得真快，一转眼要离开杭州了。

珍　妮：我也觉得太快，不过，在杭州三天的游览活动够丰富的。

李小姐：该去的都去了，我看，你们对杭州的兴趣特别浓。

路易斯：是这样，你们说的"上有天堂，下有苏杭"，真是这么回事！我不知道天堂是什么样，看了苏州、杭州，就有了体会。

珍　妮：我认为不只是苏州、杭州，还应该包括整个江南，这一带的风景太好了。

路易斯：这是我们第一次来杭州，什么都要看，哪儿都想去，只好走马观花，下次再来的话，我要仔细地参观参观灵隐寺和岳庙，能帮助我们了解中国的文化和历史。

李小姐：你们二位中文说得那么好，又经常跟中国打交道，来中国的机会一定是很多的。

珍　妮：机会是会有的，只是说不准是什么时候，到什么地方就是了。

李小姐：登机的时间快到了，到了桂林，那里的山水会让你们更加留恋的。

生词 New Words

1. 一转眼	（副）	yì zhuǎn yǎn	in a flash

2. 丰富	（形）	fēngfù	abundant; plentiful
3. 体会	（动、名）	tǐhuì	to realize; knowledge obtained from one's experience
4. 一带	（名）	yídài	around
5. 走马观花		zǒumǎ-guānhuā	to look at flowers while riding on horseback; to gain superficial understanding through cursory observation
6. 仔细	（形）	zǐxì	careful

专　名　*Proper Nouns*

1. 灵隐寺	Língyǐnsì	Lingyin Temple
2. 岳庙	Yuèmiào	Yuefei Temple

注　释　*Notes*

1. 一转眼要离开杭州了。

"一转眼"形容极短的时间。也说"转眼"。例如：

一转眼 is used to describe a short period of time. It can be replaced by 转眼。 For example:

(1) 一转眼又到五月了。
(2) 一转眼我们来北京快两个月了。
(3) 一转眼他们结婚都一年了。

2. 真是这么回事！

"真是这么回事"表示事情跟所听到的、见到的相符合。例如：

真是这么回事 means that *what is heard* or *seen is true and a fact*. For example:

(1)人们都说春天不是北京最好的季节,真是这么回事。
(2)在上海学了汉语,不一定能听懂上海话,真是这么回事。
(3)在昆明四季如春,真是这么回事。

3. 只好走马观花,……。

副词“只好”是不得不的意思。例如:

The adverb 只好 means *have to*. For example:

(1)下班太晚了,我只好在家随便弄点吃的。
(2)我找不到他,只好请别人转告。
(3)突然下起了大雨,我们只好改变出发的时间。

4. 说不准是什么时候,……。

“说不准”表示不能肯定,后边常带有表示疑问的词语。例如:

说不准, meaning *uncertain*, is often followed by an interrogative. For example:

(1)谁也说不准雨什么时候能停。
(2)我说不准这种药好买不好买。
(3)他也说不准这次旅行得用多少钱。

5. ……到什么地方就是了。

“就是了”表示肯定,用在句尾,用于口语。例如:

就是了, used at the end of a sentence, expresses one's certainty in spoken Chinese. For example:

(1)我一个人能行,你放心就是了。
(2)如果你喜欢,买就是了。
(3)这件事你自己决定就是了。

练 习 *Exercises*

一、请把下列词语连成词组:

Connect the appropriate words from the two columns below to form phrases:

仔细 ·	· 体会
了解 ·	· 参观
兴趣 ·	· 中国文化
有 ·	· 浓

二、请给括号中的词语选择适当的位置：

Put the word in the brackets in a proper place of the following sentences:

1. 时间 a 过得真快，b 要离开 c 杭州了。(一转眼)
2. 他们 a 第一次来杭州 b 哪儿都想看，c 走马观花。(只好)
3. 再来 a 的机会会有的，b 是什么时候，到 c 什么地方。(说不准)
4. 你们中文说得好，又 a 经常 b 中国 c 打交道，再来的机会一定很多。(跟)

三、根据课文内容区别下列句子的正误：(✓) (×)

Indicate whether the following statements are true or false according to the text:

1. 路易斯他们在杭州游览一周左右。(　　)
2. 他们认为整个江南都可以说是“天堂”。(　　)
3. 路易斯他们非常仔细地参观了灵隐寺和岳庙。(　　)
4. 他们马上要离开杭州去桂林。(　　)

四、请把下面的词语组成句子：

Arrange the following words in their correct order:

1. 够丰富的　　游览　　这几天的　　在杭州　　活动

____

2. 苏杭　　天堂　　上有　　下有　　这么回事　　真是

____

3. 了解　　我们　　帮助　　中国的文化　　这次参观　　和历史　　能

____

4. 山水　　让你们　　更加　　会　　桂林的　　留恋的

____

第九十四集 算饱了眼福了

课　文　Text

（人物：路易斯、珍妮和李小姐）
（地点：在桂林蝶彩宾馆）
（情景：路、珍、李三人在桂林游览了一天，吃晚饭时在餐桌上交谈）

李小姐：够累的吧，今天一天去了那么多地方。

珍　妮：我不怎么累，他有点儿累了。

路易斯：谁说的？你看我像累的样子吗？想喝点啤酒，倒是真的。

李小姐：我们大家都喝一点儿，怎么样？

珍　妮：喝吧，喝就喝个痛快！桂林的山很奇特，那象鼻山还真像大象的鼻子，月牙山像一轮弯弯的月亮，算饱了眼福了。

路易斯：还有独秀峰也是少见的，它拔地而起，四面像刀削的，在山顶能看到桂林全城。

李小姐：自古就有“桂林山水甲天下”的美誉，桂林不但风景秀丽，而且是个历史名城，有很多文物古迹。

路易斯：小李，你说桂林会让我们更留恋的，还真是这样。

李小姐：吃了晚饭好好休息，明天一大早要去游漓江。

生　词　New Words

1. 饱眼福		bǎo yǎnfú	to have the opportunity to feast one's eyes on something
2. 痛快	（形）	tòngkuai	to one's great satisfaction

3. 奇特	（形）	qítè	peculiar; queer
4. 大象	（名）	dàxiàng	elephant
5. 鼻子	（名）	bízi	nose; trunk
6. 弯	（形）	wān	to bend
7. 月亮	（名）	yuèliang	moon
8. 拔地而起		bádìérqǐ	to rise sheer from level ground
9. 刀	（名）	dāo	knife
10. 削	（动）	xiāo	to cut
11. 美誉	（名）	měiyù	good reputation

专　名　*Proper Nouns*

1. 蝶彩宾馆	Diécǎi Bīnguǎn	Diecai Hotel
2. 象鼻山	Xiàngbíshān	Trunk Hill
3. 月牙山	Yuèyáshān	Crescent Hill
4. 独秀峰	Dúxiùfēng	Solitarily Beautiful Peak
5. 漓江	Líjiāng	Li Jiang River

注　释　*Notes*

1. 算饱了眼福了。

"饱眼福"的意思是因看到珍奇或美好事物而感到满足，开阔了眼界。例如：

饱眼福 means *to have the opportunity to feast one's eyes on something*, or *feel satisfied with what has broadened one's field of view*. For example:

（1）这次旅行，真是使我大饱眼福。

（2）看了国际航空展览，算是饱了眼福。

2. 谁说的？你看我像累的样子吗？

“谁说的”用来表示不同意对方的看法，使用时要有一定的语言环境。用于口语。例如：

In a certain spoken context, 谁说的 is good for one to differ with others. For example:

(1)你没去过长城，是吗？

——谁说的？两年前我就去过了。

(2)听说书店里没有这本书了。

——谁说的？今天我刚买了一本。

3. 喝吧，喝就喝个痛快！

“喝就喝个痛快”是一种句子的紧缩形式，要重复使用同一个动词。意思是“如果要喝酒，那么就喝个痛快”。例如：

喝就喝个痛快 is a contracted form of 如果要喝酒，那么就喝个痛快。In such a sentence, the verb should be repeated . For example:

(1)好好玩，玩就玩个痛快！

(2)吃吧！吃吧！吃就吃个够！

练　习　*Exercises*

一、请把下列词语连成词组：

Connect the appropriate words from the two columns below to form phrases:

弯弯的 ·	· 风景
奇特的 ·	· 样子
很累的 ·	· 山
秀丽的 ·	· 月亮

二、请给括号中的词语选择适当的位置：

Put the word in the brackets in a proper place of the following sentences:

1. a 我不 b 累，他 c 有点儿累了 （怎么）
2. a 要喝啤酒，喝 b 喝个 c 痛快。（就）
3. a 自古 b 有 c“桂林山水甲天下的美誉”。（就）
4. 你 a 说桂林 b 会让我们更留恋的，c 真是这样。（还）

三、根据课文内容区别下列句子的正误： （✓） （×）

Indicate whether the following statements are true or false according to the text:

1. 像独秀峰这样的山在中国很多。（ ）
2. 桂林是个历史名城有很多文物古迹。（ ）
3. 路易斯问是谁说他有点累了。（ ）
4. 在象鼻山顶上能看到桂林全城。（ ）

四、请把下面的词语组成句子：

Arrange the following words in their correct order:

1. 象鼻山 真像 那座 还 鼻子 大象的

____

2. 大家 都 一点儿 喝 我们

____

3. 而且 不但 风景秀丽 是个 桂林 历史名城

____

4. 算 今天 饱了 我们 了 眼福

____

第九十五集

想象力真丰富

课　文　Text

（人物：路易斯、珍妮、李小姐）
（地点：坐船游漓江）
（情景：路、珍、李三人坐船游漓江边赏景边交谈）

李小姐：我们今天坐船游漓江，顺江到阳朔，可以饱览漓江两岸的风光。

路易斯：从桂林到阳朔有多远？

李小姐：有四十公里，游船开得比较慢，大约要三个小时才能到阳朔。

珍　妮：沿江都是优美的风景，我真担心船开得太快，看不过来。

路易斯：你们看，在前面拐弯的地方，江上的倒影多漂亮，简直是一幅画。

李小姐：是啊，你们向两岸望去，那些山峰忽远忽近，真是千姿百态，有的像书童，有的像牛郎和织女在相会，有的像少女在梳妆打扮，有的像马在奔跑，每经过一个地方，船上的广播员会给我们解释的。

路易斯：想象力真丰富，在这儿看风景，要有艺术家的头脑。为什么那些小渔船上有很多黑的鸟？

珍　妮：有的黑鸟一会儿钻进水里，一会儿跳到船上，好像嘴上还衔着鱼呢。

李小姐：那叫鱼鹰，是一种水鸟，会捕鱼，渔民们专门饲养这种水鸟，作捕鱼的工具。

路易斯：太奇妙了！

生　词　New Words

1. 想象力	xiǎngxiànglì	imagination

2. 顺	（介）	shùn	along
3. 倒影	（名）	dàoyǐng	reflection
4. 千姿百态		qiānzī-bǎitài	various forms and shapas
5. 书童	（名）	shūtóng	page boy
6. 牛郎	（名）	niúláng	cow boy
7. 织女	（名）	zhīnǚ	weawer girl
8. 相会	（动）	xiānghuì	to meet
9. 梳妆	（动）	shūzhuāng	to dress and make up
10. 打扮	（动）	dǎban	to make up
11. 奔跑	（动）	bēnpǎo	to run in a hurry
12. 解释	（动）	jiěshì	to explain
13. 艺术家	（名）	yìshùjiā	artist
14. 头脑	（名）	tóunǎo	brain
15. 钻	（动）	zuān	to jump into; to bore
17. 鱼鹰	（名）	yúyīng	fish hawk
18. 捕鱼		bǔ yú	to catch fish; to fish
19. 饲养	（动）	sìyǎng	to raise; to breed
20. 工具	（名）	gōngjù	instrument; tool; means

专　名 *Proper Noun*

1. 阳朔	Yángshuò	name of a place

注释 *Notes*

1 顺江到阳朔，……。

"顺"是依着自然情势移动的意思。例如：

顺 means *in the same direction as*, or *along*. For example:

(1)回家的时候，我顺路去买书。

(2)我刚才是顺风骑自行车来的。

(3)他常常顺着这条河游到下游去。

2. 那山峰忽远忽近，……。

"忽……忽……"的意思是两种情况都来得迅速而又出乎意料。"忽"后边大多是意义相对的动词或形容词。例如：

The structure 忽……忽…… is used when two situations or two actions take place quickly and unexpectedly. The adjectives or the verbs after 忽 are often antonyms. For example:

(1)这几天天气不正常，忽冷忽热。

(2)这条山路不好走，忽高忽低。

(3)最近，他的病忽好忽坏，常去医院。

3. 有的黑鸟一会儿钻进水里，一会儿跳到船上，……。

"一会儿……一会儿……"表示两种动作或情况交替出现。例如：

The structure 一会儿……一会儿…… indicates that *two actions take place* or *two situations appear alternately*. For example:

(1)在晚会上她们一会儿唱，一会儿跳，特别高兴。

(2)他一会儿出去，一会儿进来，忙个不停。

(3)今天一会儿晴一会儿阴。

练　习 *Exercises*

一、请把下列词语连成词组：

Connect the appropriate words from the two columns below to form phrases:

艺术家的 ·		· 马
捕鱼的 ·		· 想象力
丰富的 ·		· 工具
奔跑的 ·		· 头脑

二、请给括号中的词语选择适当的位置：

Put the word in the brackets in a proper place of the following sentences:

1. 我们坐船 a 游漓江，b 漓江到阳朔，可以饱览 c 两岸风光。（顺）
2. a 大约 b 三个小时 c 才能到阳朔。（要）
3. a 江上的倒影 b 多漂亮，c 是一幅画。（简直）
4. a 那些山峰 b 忽近忽远，c 千姿百态。（真是）

三、根据课文内容区别下列句子的正误：（✓）（×）

Indicate whether the following statements are true or false according to the text:

1. 从桂林到阳朔有四十里。（ ）
2. 沿江都是优美的风景，珍妮希望游船开得快一点。（ ）
3. 在前边拐弯的地方有一幅画。（ ）
4. 渔民们专门饲养一种水鸟，作捕鱼的工具。（ ）

四、请把下面的词语组成句子：

Arrange the following words in their correct order:

1. 风景　沿江　都是　那儿　优美的

____

2. 担心　我　真　船　太快　开得

____

3. 一会儿　一会儿　钻到　跳到　水里　船上　水鸟

____

4. 广播员　给　会　解释的　我们　船上的

____

第九十六集 一定很精彩

课 文 *Text*

（人物：路易斯、珍妮和李小姐）
（地点：在汽车上）
（情景：路、珍、李三人从阳朔回桂林，在汽车上交谈）

珍　妮：难怪宾馆的服务员告诉我说："阳朔山水甲桂林"，今天到了阳朔，还真有这样的感觉，桂林美，阳朔也美。

路易斯：你怎么不说阳朔更美呢？

珍　妮："桂林山水甲天下"早就把阳朔包括进去了，实际上也很难分清楚。

路易斯：我也是这样想的，游漓江真是一种艺术享受。

珍　妮：今天好像看了一次画展，全部是风景画。

李小姐：这叫一江流水千幅画，很多中国的山水画都是跟漓江风景分不开的，画家从这儿吸取了营养，找到了素材，诗人也是这样。

珍　妮：真有诗情画意，可惜我不会写诗，也不会画画儿，要不，我一定露一手。

路易斯：这次我可照了不少照片，一定很精彩，都是十分珍贵的。

生 词 *New Words*

1. 包括	（动）	bāokuò	to include; to comprise
2. 画展		huàzhǎn	exhibition of paintings
3. 全部	（形．副）	quánbù	entire; all; whole
4. 分不开		fēn bu kāi	cannot separate; inseparable

5.	诗情画意		shīqíng-huàyì	poetic and picturesque
6.	露	（动）	lòu	to show; to expose
7.	珍贵	（形．动）	zhēnguì	valuable; precious

注　释　*Notes*

1. 很多中国的山水画都跟漓江风景分不开。

“跟……分不开”是表示事情和事情之间有着密切的联系。例如：

跟……分不开 indicates a close relationship between one thing and another. For example:

(1)他的成功跟努力分不开。
(2)产品质量的好坏跟技术水平分不开。
(3)他汉语水平的提高跟老师的帮助分不开。

2. 要不，我一定露一手。

连词“要不”是“如果不这样”的意思。例如：

The conjunction 要不 is same as 如果不这样, meaning *otherwise*. For example:

(1)你该给家里打个电话，要不他们会不放心的。
(2)我现在马上去银行，要不该关门了。
(3)他今天一定很忙，要不现在他应该回来了。

3 我一定露一手。

“露一手”的意思是表现出自己的技能或本领。也说“露两手”。例如：

露一手, or sometimes 露两手, means *to display one's ability* or *skills*. For example:

(1)今天包饺子，我给你们露一手。
(2)我早就知道怎么做这件事，只是不想露一手。
(3)昨天他给我们露了一手，他画的虎真是不错。

练　习　Exercises

一、请把下列词语连成词组：

Connect the appropriate words from the two columns below to form phrases:

吸取	一手
找	营养
露	清楚
分	素材

二、根据课文内容选择下列句子的正确答案：

Choose the right answer according to the text:

1. "阳朔的山水甲桂林"的意思是：

a. 阳朔没有桂林美　　b. 阳朔和桂林一样美　　c. 阳朔比桂林更美

2. 珍妮说：今天到了阳朔，还真有这样的"感觉"，指的是什么？

a. 桂林美　　b. 阳朔更美　　c. 很难分清楚桂林美还是阳朔美

3. "桂林山水甲天下"的意思：

a. 包括阳朔　　b. 不包括阳朔　　c. 包括一部分

4. 画家、诗人从游览漓江风景中找到了：

a. 素材　　b. 朋友　　c. 艺术享受

三、根据课文内容区别下列句子的正误：（✓）（×）

Indicate whether the following statements are true or false according to the text:

1. 他们游漓江在游船上看了一个风景画的画展。（　　）
2. 一江流水千幅画的意思是漓江每一处风景都是一幅美丽的风景画。（　　）
3. 珍妮看了漓江也有了诗情画意，决定露一手。（　　）
4. 路易斯照了很多照片，准备带回去。（　　）

四、请把下面的词语组成句子：

Arrange the following words in their correct order:

1. 是　　游漓江　　享受　　一种　　艺术

____

2. 是　　跟　　中国　　山水画　　很多　　分不开的　　漓江风景

____

3. 一定　　我　　露　　会　　一手　　如果　　画画儿

____

4. 照了　　我　　不少　　十分　　照片　　珍贵的

____

第九十七集 差远着呢

课　文　Text

（人物：路易斯、珍妮和李小姐）
（地点：桂林一咖啡馆）
（情景：路、珍、李三人在咖啡馆谈游桂林的观感）

珍　妮：这次来桂林真是不虚此行，太兴奋了。

路易斯：李小姐，你经常来桂林，我想你每次都会有不同的感受吧。

李小姐：是啊，特别是漓江的景色，会引起人们丰富的想象。有一次，我们游漓江的时候，突然下起了蒙蒙细雨，漓江的景色完全变了样，也非常美。

珍　妮：这景色很难想象得出，非得亲身感受才行。

路易斯：游了漓江，让我想起了中国的山水画。难怪许多画家一次又一次地来这儿，他们能从千变万化的自然景色中，收集到各种各样的素材。

李小姐：您说得太对了，桂林山水像一个天然的艺术宝库，艺术家都能从中吸取丰富的营养。

路易斯：要是我是个艺术家，我也一定把桂林山水作为重要的创作题材。

李小姐：在船上，您不是画了两张素描了吗？

珍　妮：那算什么呀！差远着呢。

生　词　New Words

1. 观感	（名）	guāngǎn	impression
2. 不虚此行		bùxūcǐxíng	it has been a worthwhile trip

3. 感受	（名）	gǎnshòu	experience
4. 蒙蒙	（形）	méngméng	drizzly; misty
5. 变样		biànyàng	to change
6. 亲身	（副）	qīnshēn	personally; firsthand
7. 千变万化		qiānbiàn-wànhuà	innumerable changes; wonderful variety
8. 宝库	（名）	bǎokù	treasury
9. 创作	（动．名）	chuàngzuò	to write; creative work
10. 题材	（名）	tícái	subject matter; theme
11. 素描	（名）	sùmiáo	sketch; drawing

注 释 *Notes*

1. 突然下起了蒙蒙细雨，……。

副词"突然"表示某事在很短的时间里发生。例如：

The adverb 突然 means *suddenly* or *unexpectedly*. For example:

(1)刚才天还是好好的，突然刮起了大风。

(2)我正在看书，突然有人敲门。

(3)客人来得很突然，我们一点准备也没有。

2. 这景色很难想象得出，……。

"得出"用在某些动词的后边，组成肯定形式，补充说明能够随动作产生出新的结果。结构形式是"V+得出"。例如：

得出, used after some verbs as an affirmative form, indicates *something new brought about by doing something else*. The structure of this usage should be: V+得出。 For example:

(1)我很难回答得出她提出的问题。

(2)谁能猜得出这张画的意思？

(3)人们不难想象得出这种产品会给大家带来的方便。

否定形式是"V + 不出"。"不出"说明不能够随动作产生新的结果。例如：

Its negative form is V + 不出, which means *nothing new resulted*. For example:

(1)我回答不出她提出的问题。

(2)她猜不出这张画的意思。

3. 非得亲身感受才行。

"非得……才行"表示强调一定要。跟"非……不可"相同。例如：

非得……才行, is the same as 非……不可, and carries a sense of *cannot but*. For example:

(1)他的病非得看中医才行。

(2)飞机票非得提前两天预定才行。

(3)旅行的事非得大家一起商量才行。

练　习 *Exercises*

一、请把下列词语连成词组：

Connect the appropriate words from the two columns below to form phrases:

景色	素材
亲身	想象
引起	优美
收集	感受

二、根据课文内容选择下列句子的正确答案：

Choose the right answer according to the text:

1. 李小姐每次来桂林的感受都：

a. 完全一样　　b. 完全不一样　　c. 不完全一样

2. 游漓江时突然下起细雨，漓江的景色：

a. 没有变化　　b. 完全变了样　　c. 稍有一点变化

3. 谁在船上画了两张素描？

a. 珍妮　　b. 路易斯　　c. 李小姐

4. 珍妮说“差远着呢”是指：

a. 桂林山水跟漓江比差得远　　b. 路易斯的画儿跟珍妮的画比差得远　　c. 路易斯的画跟艺术家的画儿比差得远

三、根据课文内容区别下列句子的正误：（✓）（×）

Indicate whether the following statements are true or false according to the text:

1. 许多画家一次又一次来这里，是因为漓江的自然景色千变万化。（　　）
2. 画家们每次来漓江都能收集到各种各样的素材。（　　）
3. 珍妮说她要把桂林山水作为重要的创作题材。（　　）
4. 李小姐已经不是第一次来桂林、漓江了。（　　）

四、请把下面的词语组成句子：

Arrange the following words in their correct order:

1. 会　　人们　　想象　　丰富的　　引起　　漓江的景色

____

2. 宝库　　一个　　像　　天然的　　艺术　　桂林山水

____

3. 山水画　　使我　　中国的　　想起了　　漓江　　游了

____

4. 景色　　要　　感受　　迷人的　　亲身　　才行

____

第九十八集 这也算是“一举两得”吧

课　文 *Text*

（人物：路易斯、珍妮和李小姐）
（地点：广州白云宾馆）
（情景：路、珍、李三人在广州街头游览市容时的谈话）

珍　妮：广州这个城市很繁华，商业很发达，人们的衣着也跟别的城市不太一样。

路易斯：广州在沿海，是最早的几个开放城市之一。好像受外来的影响比较大，我到过香港，这里的许多地方跟香港很相似。

李小姐：广州对外开放比较早，受外来的影响比较深，它的工业、商业和城市建设都比较好，金融业也比较发达，当然也受到外来文化的影响。

珍　妮：听说这里每年都要举行进出口贸易洽谈会。

李小姐：您说的是进出口商品交易会吧，以前每年要举行两次，一次在春季，一次在秋季。举行交易会的时候，广州非常热闹。

路易斯：这种国际性的大型商品交易会，不只是对广州的发展有利，也会带动中国经济的发展。

珍　妮：这也算是“一举两得”吧。要有机会参观参观就好了。

生　词 *New Words*

1. 发达	（形）	fādá	developed; flourishing
2. 衣着	（名）	yīzhuó	clothes

3. 沿海	（名）	yánhǎi	along the coast
4. 开放	（动）	kāifàng	to open
5. 相似	（形）	xiāngsì	similar
6. 金融	（名）	jīnróng	finance; banking
7. 进出口		jìnchūkǒu	import and export
8. 洽谈会		qiàtánhuì	trade talk
9. 交易会		jiāoyìhuì	trade fair
10. 有利	（动）	yǒulì	advantageous; beneficial
11. 带动	（动）	dàidòng	to promote; to push

专　名 *Proper Noun*

1. 白云宾馆	Báiyún Bīnguǎn	White Cloud Hotel

注　释 *Notes*

1. 是最早的几个开放城市之一。

“之一”是其中的一个，用在名词的后边。例如：

之一, used after nouns, means *one of . . . .* For example:

(1)黄山是我最想去的地方之一。

(2)外出旅行，安全是大家所关心的问题之一。

2. 这里许多地方跟香港很相似。

“跟……相似”意思是彼此有相同的地方或有共同的地方。例如：

跟……相似 means *similar to*. For example:

(1)他跟他哥哥有很多地方相似。

(2)这种吃法跟涮羊肉很相似。

(3)南方人的生活跟我们这里有很多相似的地方。

3. 不只是对广州的发展有利，也会带动中国经济的发展。

"不只……，也……"表示两种情况同时存在，但前者跟后者有递进关系。用法跟"不但……，而且……"的格式一样。例如：

The structure 不只……，也……, similar to 不但……，而且…… in function, indicates that *two things exist simultaneously with one logically ahead of the other.* For example:

(1)这次旅行我们不只去了很多地方，也了解了那里的风土人情。

(2)不只经理同意他的建议，很多人也支持他的想法。

4. 不只是对广州的发展有利，……。

"对……有利"是表示对某人或某事有好处，有帮助。例如：

对……有利 means *to be beneficial to....* For example:

(1)天天锻炼对健康有利。

(2)这场比赛对红队有利。

(3)服务态度好对商家有利。

练　习　Exercises

一、请把下列词语连成词组：

Connect the appropriate words from the two columns below to form phrases:

商业	繁华
影响	早
城市	大
对外开放	发达

二、请用括号中的词语填空：

Fill in the following blanks with a proper word in the parentheses:

（发达、繁华、好、一样、热闹、早、深）

广州这个城市很＿＿＿＿，人们的衣着也跟别的城市不太＿＿＿＿。

广州对外开放比较＿＿＿＿，受外来的影响比较＿＿＿＿，它的工业、商业和城市建设都比较＿＿＿＿，金融业也比较＿＿＿＿。

每年举行交易会的时候，广州非常＿＿＿＿。

三、根据课文内容区别下列句子的正误：（✓）（×）

Indicate whether the following statements are true or false according to the text:

1. 广州现在正在举办进出口商品交易会。（　　）
2. 广州沿海是最早的一个开放城市。（　　）
3. 以前这里每年要举行两次进出口商品交易会。（　　）
4. “一举两得”是说举办大型商品交易会，对广州发展有利，同时也带动了中国经济的发展。（　　）

四、请把下面的词语组成句子：

Arrange the following words in their correct order:

1. 举行　　都要　　商品交易会　　这里　　国际性的　　每年

＿＿＿＿＿＿＿＿＿＿＿＿＿＿＿＿＿＿＿＿

2. 地方　　跟　　相似　　许多　　香港　　这里的

＿＿＿＿＿＿＿＿＿＿＿＿＿＿＿＿＿＿＿＿

3. 这个城市　　影响　　受到　　也　　当然　　外来文化的

＿＿＿＿＿＿＿＿＿＿＿＿＿＿＿＿＿＿＿＿

4. 带动　　会　　这种　　中国经济的　　交易会　　发展

＿＿＿＿＿＿＿＿＿＿＿＿＿＿＿＿＿＿＿＿

第九十九集 后会有期

课　文 Text

（人物：路易斯、珍妮和李小姐）
（地点：在宾馆）
（情景：路、珍二人带着礼物去看望李小姐）

路易斯：小李，明天我们就要离开广州回美国了，这次旅游十分顺利，是跟你的帮助分不开的。

珍　妮：真是这样，有你这样一位能干的导游，使我们愉快地度过了十几天的旅游生活。

李小姐：你们过奖了，我很高兴有机会接待你们。

珍　妮：小李，昨天我们特意去商场为你选购了一件小礼物，表示我们的一点心意。

路易斯：俗话说"礼轻情义重"嘛，请收下，留个纪念吧。

李小姐：谢谢，谢谢，你们太客气了，真有点不好意思。

珍　妮：这段时间对我们来说是很难忘的，希望以后我们再能见面。

李小姐：好在你们在中国找到了工作，一定会再见到你们的，祝你们一路平安。

路易斯：别忘了给我们写信……

珍　妮：我们也会写给你的，亲爱的小李，后会有期。

生　词 New Words

1. 后会有期		hòuhuì-yǒuqī	to meet again some day
2. 能干	（形）	nénggàn	capable

3. 导游	(名)	dǎoyóu	guide
4. 过奖	(动)	guòjiǎng	to be praised too much; to overpraise
5. 特意	(副)	tèyì	particular; specially; only
6. 选购	(动)	xuǎngòu	to go shopping
7. 礼轻情义重		lǐ qīng qíngyì zhòng	the gift is trifling but the feeling is profound; it is nothing much, but it is the thought that counts
8. 难忘		nánwàng	unforgettable
9. 好在	(副)	hǎozài	fortunately; luckily

注 释 *Notes*

1. 你们过奖了,……。

"过奖"是过分夸奖的意思。多是当受到对方称赞时说的谦辞。例如:

过奖 literally means *overpraise*, a polite reply to another's praise. For example:

(1)我们的成功跟你的帮助分不开。

——过奖,过奖,这是我应该做的。

(2)要不是你的安排,我们这次旅行恐怕不会这么顺利。

——你过奖了。

2. 俗话说"礼轻情意重"嘛,……。

俗语"礼轻情意重"的意思是礼物虽然很小,但是情意却很深厚。例如:

The common saying 礼轻情意重 means that *the gift is trifling but the feeling is profound*, or *it is nothing much, but it is the thought that counts*. For example:

(1)请收下这小小的礼物,礼轻情意重嘛。

(2)A. 这么小的礼物,我怎么好意思送人?

B. 俗话说礼轻情意重嘛。

3. 好在你们在中国找到了工作，……。

副词“好在”表示具有某种有利的条件或情况。例如：

The adverb 好在 indicates *fortunately* or *luckily*. For example:

(1)我还会来看你，好在离你这儿不远。

(2)这本书你留着看吧，好在我不等着用。

(3)过几天再去银行取钱吧，好在我还有钱用。

4. 祝你们一路平安。

“一路平安”是常用的祝福语，用于对方要出远门的时候，希望对方旅途平安。类似的祝福语有“一路顺风”等。例如：

一路平安 is used as a blessing, meaning *have a good journey*. A similar expression is 一路顺风。For example:

(1)祝你们旅途一路平安。

(2)祝大家一路顺风。

练　习　*Exercises*

一、请把下列词语连成词组：

Connect the appropriate words from the two columns below to form phrases:

一件	导游
一点	生活
旅游	礼物
能干的	心意

二、请给括号中的词语选择适当的位置：

Put the word in the brackets in a proper place of the following sentences:

1. 这次旅游十分顺利，a 是 b 你的帮助 c 分不开的。(跟)

2. a 昨天 b 我们 c 去商场为你选购了一件小礼物，请收下。（特意）

3. a 这段时间 b 我们来说，是 c 很难忘的。（对）

4. a 你们在 b 中国找到了工作 c，一定会再见到你们的。（好在）

三、根据课文内容区别下列句子的正误：（✓）（×）

Indicate whether the following statements are true or false according to the text:

1. 路易斯和珍妮就要离开广州回美国了。（ ）
2. 他们在中国愉快地度过了一个月的旅游生活。（ ）
3. 他们为了感谢小李，请小李一起吃午饭。（ ）
4. 他们和小李一定会再见面，因为路易斯要在中国工作。（ ）

四、请把下面的词语组成句子：

Arrange the following words in their correct order:

1. 接待　有机会　很高兴　我　你们

____

2. 表示　心意　我们的　小礼物　这件　一点

____

3. 能　见面　再　以后　我们　希望

____

4. 在中国　你们　找到了　好在　工作

____

第一百集 复习

Review

1

A. 西湖太美了，许多名胜不只是风景美，连名字也美。

B. 这些地方真够迷人的，用中国话来说，是名副其实。

2

A. 你们二位中文说得那么好，又经常跟中国打交道，来中国的机会一定是很多的。

B. 机会是会有的，只是说不准是什么时候，到什么地方就是了。

3

A. 有一次，我们游漓江的时候，突然下起了蒙蒙细雨，漓江的景色完全变了样，也非常美。

B. 这景色很难想象得出，非亲身感受才行。

4

广州是一个很繁华的沿海城市，商业、金融业很发达，是最早的几个开放城市之一。广州受外来的影响比较大，广州每年要举行两次进出口商品交易会，一次在春季，一次在秋季，这种国际性的大型商品交易会，不只是对广州的发展有利，也会带动中国经济的发展。

练　习　Exercises

一、请把下列词语连成词组:

Connect the appropriate words from the two columns below to form phrases:

亲身 ·	· 发达
很难 ·	· 感受
经济 ·	· 出口
商品 ·	· 想象

二、请给括号中的词语选择适当的位置：
Put the word in the brackets in a proper place of the following sentences:

1. a 西湖的许多名胜 b 风景美，c 连名字也美。（不只是）
2. a 机会是有的，b 说不准 c 是什么时候。（只是）
3. 这些地方 a 真 b 迷人的，用中国话说是 c 名副其实。（够）
4. 我们 a 游漓江的时候，b 突然下起了蒙蒙细雨，景色 c 变了样。（完全）

三、根据课文内容选择下列句子的正确答案：
Choose the right answer according to the text:

1. 他来中国的机会很多是因为：

a. 家在中国　　b. 中文好，常跟中国打交道　　c. 坐飞机来往很方便

2. 他打算什么时候再来中国？

a. 明年　　b. 下个月　　c. 说不准

3. 下蒙蒙细雨的时候，漓江的景色：

a. 变得更美　　b. 变得不好看　　c. 跟不下雨一样，没变化

4. 漓江这么美的景色要：

a. 看了照片才能感受到　　b. 亲自去看才能感受到　　c. 看电视的时候才能感受到

四、根据课文内容区别下列句子的正误：（✓）（×）
Indicate whether the following statements are true or false according to the text:

1. 广州是一个很繁华的沿海城市，商业、金融业很发达。（　　）
2. 广州是最早的开放城市。（　　）
3. 广州每年要举行一次进出口商品交易会。（　　）
4. 举行国际性商品交易会对广州的发展很有利，也会带动中国经济的发展。（　　）